秦始皇嬴政

嬴政（前 259 －前 210），又称秦王政、赵政。父亲为秦庄襄王（又传说为吕不韦）。13 岁即秦王位，22 岁亲政。亲政后，重用尉缭、李斯等人，10 年间相继灭韩、魏、楚、燕、赵、齐六国，于公元前 221 年统一全国，建立秦朝，自称为“始皇帝”。公元前 210 年出巡时在沙丘（今河北广宗西北大平台）病死。葬于郦山（今陕西临潼）。

少年即位　一统天下

嬴政于公元前 259 年生于战国时期的赵国邯郸。当时秦赵两国正在交兵，他的父亲异人作为人质被扣押在赵国，处境相当危险。公元前 257 年，赵国战败，赵王想杀掉异人，但异人因有大富商吕不韦的帮助而安全地脱离险境回到秦国。赵王大怒，想要杀死赵姬母子，赵姬闻讯，急忙怀抱嬴政藏了起来。事后，赵姬带着嬴政也逃离了赵国。

异人凭借吕不韦的资助，回国后便被立为太子，后又继承了王位，是为庄襄王。可是好景不长，公元前 247 年，异人即位不到 3 年便因病而亡。年仅 13 岁的太子嬴政顺理成章地继秦王位，把立有大功的吕不韦尊

秦始皇

为相国，并让其主持朝政。

按秦国制度，嬴政应于公元前238年亲政。就在这前一年，吕不韦和嬴政之间的政治斗争开始了。公元前238年，嬴政下令发兵镇压了嫪毐发动的叛乱。又以嫪毐为吕不韦推荐为由，借机免除了他相国的职位。同年，秦王政加冠亲政，掌握了朝政大权。

秦王嬴政看到国内形势已经安定，便以东方六国为目标，开始了统一全国的战争。在军事家尉缭的建议下，嬴政用贿赂、离间等手段，采取分化瓦解、各个击破的策略，破坏了六国联合攻秦的计谋，为统一天下做好了准备。从公元前230年灭韩，到公元前221年灭齐，嬴政用了10年时间，终于将东方六国并入自己的版图之内，建立了统一的国家。

称帝建制　大兴土木

一统天下的嬴政认为自己的功德远远超过了远古时的三皇五帝，于是便把“皇帝”作为自己的称号，又称自己为始皇帝，意即从他开始，后世称二世、三世，以至万世，传之无穷。但是，事与愿违，秦朝仅传到二世时便被灭亡。不过，皇帝的称号还是被以后的历代君主

所采用了。另外，为了维护统一的封建帝国，秦始皇颁布出台了一系列改革措施，这对中国政治、经济、文化的统一和发展起到了巨大的作用。

秦始皇还废除了自商、周以来的分封制，实行郡县制；在中央设三公九卿，帮助皇帝处理国家政务，这些都是为了能使自己牢牢地掌握中央政权。同时，秦始皇还改革并统一了原来混乱的度量衡和货币，并统一了汉字，把秦小篆作为全国的通用文字，使各地文化的交流大大加强。

为巩固集权统治，除改革政治体制外，还采取了一系列军事措施。为了保卫北方领土，抵御匈奴的侵袭，秦始皇让大将蒙恬率军北防匈奴，并把战国时期各国修筑的长城连接起来。秦的长城西起甘肃岷山，东到辽东，号称“万里长城”。这无论在中国还是在世界，都可称得上奇迹。

骊山陵墓从秦始皇13岁即位时就开始动工修建了。全国统一后，秦始皇又调发役夫徒隶70余万人，大肆修建，耗时38年，到秦始皇病逝，陵墓工程仍未完工。

除为自己修建陵墓外，秦始皇还建筑了很多华丽的宫殿。他每灭掉一个国家，都要让人将宫殿的模样画下来，然后在咸阳照样仿造。结果致使咸阳周围的宫殿有270多座，就连关外的行宫也有400百多座，关内300多座。在这些宫殿中，以阿房宫的规模最大，最有名气。有史书记载，阿房宫的前殿东西宽达700米，南北

有 115 米。为了这项浩大的工程，秦始皇每年都要调用民工 70 万人。秦亡后，阿房宫被义军烧毁。

焚书坑儒　身死异乡

秦始皇十四年（前 233）的一天，秦始皇在咸阳大宴群臣。席间博士淳于越对秦制定的郡县制表示反对，主张继续实行分封制。丞相李斯以“五帝不相复，三代不相袭，各以治”的例证反驳淳于越，并指责儒生各尊私学，颂古非今，诽谤朝政，扰乱民心。李斯还把古代天下动乱，无法一统的根源归罪到各种儒门学说和私学的存在，因为这些学说和儒生的存在才使人心不一，诸侯互斗，四海分裂。于是，李斯建议秦始皇消灭私学，除《秦记》之外的史书一律烧毁；除秦博士官所藏《诗》、《书》等书外，都要交到所在郡，由郡守、尉监督烧毁；医药卜筮、种树的书不在烧毁之列，若要学习法令，则以吏为师。李斯的建议马上被秦始皇采纳了，焚书行动也很快在全国施行。于是，大量的文化典籍顷刻间化为灰烬。随后，方士侯生、卢生因求仙药不得，又认为给自高自大、刚愎自用、好杀贪权的秦始皇求仙药不值得，于是相约逃跑。秦始皇知道后，非常生气，迁怒于其他儒生，说他们也在妖言惑众，又责令御史审问在咸阳的儒生。酷刑之下，儒生们互相揭发，致使 460 多人受到牵连。这些儒生最终在咸阳被秦始皇所坑杀。

秦始皇三十一年（前210）的巡游，是秦始皇的最后一次巡游。他从咸阳出发，首先来到南方的云梦（今洪湖、洞庭湖一带），在九疑山祭祀了虞舜。然后顺江东下，由丹阳（今安徽当涂东）登陆，来到钱塘（今浙江杭州），绕道向西120里渡江登上会稽山，祭祀大禹并刻石留念，后经吴中（今江苏吴县）北上。秦始皇一行从江乘（今江苏镇江）渡江沿海边向北来到琅邪，但仍然没有遇到仙人或得到仙药，失望之极的秦始皇无奈之下只好决定返回咸阳。连日的旅途劳累和张良等人的伏击，使秦始皇病倒在了平原津（今山东平原附近）。于是秦始皇和随从一路疾驰，准备赶回咸阳，不料到了沙丘（今河北广宗县西），秦始皇病逝。时为始皇三十一年（前210）七月。秦始皇在位37年，称王25年，称帝12年。终年50岁，安葬于骊山脚下。

汉高祖刘邦

刘邦（前256—前195），汉朝开国皇帝。字季（一说小名刘季），沛郡丰邑（今江苏丰县）人。秦朝时曾任亭长，起义后被拥为“沛公”。公元前206年被项羽立为汉王；公元前202年正式称帝，改国号为汉，史称西汉，在位8年。谥号“高皇帝”，庙号“高祖”。

赴宴纳亲　沛县起义

刘邦性格豁达粗犷，待人宽厚。小时候虽读过一些书，但并非本分的读书人。秦统一后，还处于青年的刘邦当上了泗水亭长，并与郡县小吏关系非常亲密。

刘邦年轻时贪酒好色，在生活上有失检点，但他胸怀大志。一次，他押送夫役到都城咸阳，正好碰上秦始皇出行。刘邦看到秦始皇威风凛凛地坐在仪仗护卫的车中，便立志要成为他那个样子。

刘邦从咸阳回来不久，正好赶上刚搬来的吕公设宴招待来拜贺的宾客。吕公因为和沛县的县令关系亲密，为躲避仇家而搬到沛县。当时在沛县任主吏的萧何主办宴会，向来客宣布：“凡贺礼不满一千钱，都坐在堂下。”刘邦也是贺客之一，他根本没带钱，却对传达说：“我

贺钱一万。”传达去告诉吕公，吕公急忙亲自下堂迎接。吕公看到刘邦后，觉得他相貌气度非凡，对他十分敬重，就拉他入席就坐。酒后，吕公又把自己的女儿许配给了刘邦。吕公的这个女儿就是后来历史上著名的吕后。她为高祖生的女儿后来称鲁元公主，儿子为汉惠帝。

秦王朝末年，秦始皇征发大量刑徒去修骊山陵墓，高祖受命押送刑徒。在押送的路上，刑徒们纷纷逃亡。刘邦估计到了骊山，这些刑徒差不多要跑光，与其到时候自己被处死，还不如现在就把他们放了。于是到达丰邑西边的大泽时，刘邦趁醉酒把刑徒都放了。但其中有十几个刑徒愿意跟着刘邦走，刘邦就连夜带着他们从大泽里逃亡。

公元前209年，陈胜、吴广率领的义军攻占了陈县，自立为王，建号“张楚”。当时，各郡县的民众纷纷杀掉秦朝的官吏来响应陈胜。惊惶不已的沛县县令也想起义来响应陈胜。萧何和曹参当时都是县令手下的主要官吏，他们劝县令说：“您是秦朝的官吏，却要率沛县人背叛秦朝，百姓未必会听信您的。”于是他们又建议召回流亡在外的刘邦。县令觉得有理，便让刘邦的妹夫樊哙去把刘邦找回来，刘邦便带人往回赶。没想到县令却又后悔了，害怕刘邦回来后会抢了自己的位置，甚至还会被刘邦所

汉高祖刘邦

杀。所以，他命令将城门关闭，还准备捉拿萧何和曹参，萧何和曹参闻讯赶忙逃到了城外。刘邦将信射进城中，鼓动城中的百姓起来杀掉出尔反尔的县令，大家一起保卫家乡。很快，不得民心的县令被百姓所杀。刘邦顺利进城，又被推举为沛公，领导大家起事。刘邦便顺从民意，设祭坛，又称自己为赤帝之子，开始了反秦的征程。

关中封王　楚汉相争

刘邦起兵之时，反秦的斗争已经遍布全国。其中以原楚国贵族项羽、项梁所率领的江东子弟兵为主力，另外的还有自立为王的原六国贵族。

秦二世元年(前209)十二月，陈胜被车夫庄贾所杀。次年(前210)六月，项梁将各部将领召集到了薛县，立了楚怀王的孙子心为楚王。这时，秦大将章邯已经攻灭了魏国和齐国。七月，经过休整后的楚军开始反攻秦军。

九月，关中援兵赶到，章邯如虎添翼，突然夜袭定陶。毫无准备的楚军被打得大败，项梁也死于军中。章邯在击杀项梁后，认为楚国已不再构成威胁，遂渡河进攻赵国。赵王向楚王求救。接到赵国的求援信，楚王和众将商讨，决定分兵两路：一路以宋义为上将军，项羽为次将，范增为末将，北上救赵；一路以刘邦为将西进关中，并约定谁先进入关中就封谁为王。

项 羽

刘邦率军一路西进，几番征战，攻破武关。十月，刘邦进入咸阳。将士们纷纷争着抢着去找皇宫的仓库，往自己的腰包里揣金银财宝。刘邦自己也被阿房宫的富丽堂皇和貌美如仙的宫女所迷惑，准备以“关中王”的身份好好享受一番。但樊哙提醒他不要像秦朝那样重蹈覆辙，于是听从了劝告，吩咐将士封了仓库和宫殿，带着将士仍旧回到灞上的军营里。之后，刘邦约法三章，顺利地笼络了民心。刘邦为防止项羽入关，还派兵驻守在函谷关。

不久，攻破函谷关的项羽来到关中，把军队驻扎到了鸿门，距霸上仅 40 里。十二月，项羽听说刘邦想称王，大怒，决定进攻刘邦。当时项羽拥兵 40 万，号称百万，比起只有 10 万兵马的刘邦来，在兵力上占绝对优势。在项羽的叔叔项伯和张良的斡旋下，刘邦只好亲往鸿门，到项羽军中赔罪。刘、项以礼相见，彼此都把一度有过的误会，归过于小人的挑拨。随后，项羽大摆鸿门宴，宴席之间杀机不断，而刘邦却有惊无险，最终逃离是非之地回到军中。

之后，项羽西进咸阳，屠杀百姓，焚烧宫殿，处死秦王子婴。然后，项羽分封各路将军为王，共封了 19 个诸侯王。刘邦被封为汉王，巴蜀和汉中共 41 县归刘

邦管辖，国都为南郑（现在的陕西南郑）。

来到南郑的刘邦并不满足受封为汉王，只是考虑到自己势单力孤，当时才没有立即起来反对项羽。但是，由于刘邦所率士卒大多为东方人，日夜思念东归，形势迫使他必须立即决断；另外，齐国的田荣因不满项羽的分封而起兵反叛，也为刘邦提供了东进的机会。刘邦决定出关，与项羽争夺天下。不久，刘邦便拜丞相萧何推荐的韩信为大将，让他全权部署作战。汉王元年（前206）五月，刘邦以萧何为丞相，留守巴蜀，安抚后方；自己则和韩信率领大军暗度陈仓（今陕西宝鸡东），迅速地将整个关中地区据为己有，楚汉战争正式爆发。

战争初期，刘邦虽处劣势，又屡次败北，但他善于扬长避短，充分了解项羽军中矛盾和弱点，因此势力迅速壮大起来，不久就趁虚攻下了项羽的老窝彭城。闻报大怒的项羽立即发兵 3 万直扑彭城，仅用一天就将正在置酒庆功的刘邦大军杀得大败，损伤十几万人。

刘邦于是收拾残兵败将退守荥阳。汉王二年（前205）四月，项羽包围了荥阳。五月，楚军对荥阳的攻势更加猛烈。无奈之下，将军纪信假扮刘邦替死才使刘邦逃离出来。

之后，刘邦与项羽两军长期对峙在荥阳北的广武山地区。在一次会面中，刘邦被项羽射中胸膛，伤势严重，为了稳定军心便装作伤势不重的样子。楚汉对峙了 10 个月之久，刘邦兵盛食多，项羽兵疲食绝。最后在辩士

侯公的说和下，刘邦和项羽约定双方以鸿沟（今河南荥阳、中牟、开封一带）为界，平分天下，西边属汉，东边归楚，同时刘邦的父亲和妻子也被释放。

约定之后，项羽东去，刘邦却率军继续追击楚军。汉王四年（前 203）十月，刘邦在阳夏之南追上项羽。刘邦用高官厚禄说动韩信、彭越，使他二人约期会师，共击项羽。到十二月，项羽被汉军围困垓下，势尽力竭的项羽率少数人马冲出重围之后，不肯东渡，自杀而死，刘邦最终取得楚汉相争的胜利。

即位称帝　大封诸侯

汉高祖五年（前 202）正月，刘邦手下大将共同推举刘邦当皇帝。刘邦却以自己无贤无德为由进行假意推辞，众人又劝刘邦说："你虽出身低微，但起兵诛暴秦，又平定了四海，对有功的人都封为王侯。你如不当皇帝，就不能稳住大家，共同保住打下的天下。"刘邦再三地推让后，最终接受了封号。二月初三，刘邦在今山东定陶汜水北岸正式即皇帝位，把洛阳定为都城。

刘邦称帝后，大封功臣为王。韩信原来是齐王，改封为楚王，建都下邳；彭越被封为梁王，建都定陶；韩王信仍为韩王，建都阳翟（后来迁都太原）；吴芮原为衡山王，改封为长沙王，建都临湘（今湖南长沙）；英布原为九江王，也改封为淮南王，建都于六；赵王张敖

封地不变，建都襄（今河北邢台西南）；臧荼的燕王封地不变，建都蓟。此外，闽粤王无诸、南粤王赵佗，他们在反秦斗争中都自立为王，他们的地位也被刘邦所承认。

刘邦分封韩信、英布、彭越等 7 人为诸侯王是不得已而为，是出于政治需要而进行的。这些异姓诸侯王占据原来东方六国的广大地域，拥有很大权力，后来成为统一的中央集权国家的严重威胁。刘邦在位期间，为了解决这些问题他前后用了 8 年。刘邦首先依萧何的计策处死了韩信。作为与其出生入死的韩信，只能遗憾地留下这样的话：“‘狡兔死，走狗烹；飞鸟尽，良弓藏；敌国破，谋臣亡。’现在天下已经平定，我这样的人也早就该烹杀了。”刘邦接着又用不同的方法削弱了各地“王”以及宰相萧何的权力，从而使皇权得到巩固，统治力量大大加强。

在刘邦的努力下,汉朝在诸多方面都有了长足发展。但是，汉高祖刘邦也已经心力交瘁，加上本来平定英布叛乱时中的箭伤，他的身体状况每况愈下。公元前 195 年，刘邦病逝，时年 62 岁。

汉武帝刘彻

刘彻（前 156 －前 87），汉朝第六代皇帝。父亲为景帝，最初封胶东王，后立为太子。即皇帝位时仅 16 岁。在位 54 年，庙号“世宗”。

刘彻是汉景帝刘启的第十个儿子，生于公元前 156 年。刘彻一生下来就被封为胶东王，颇受景帝喜爱。虽然他的母亲王夫人怀孕时曾梦见太阳钻入怀中，预示着小孩子将来会大有作为，但王夫人不是皇后，刘彻也不是长子，所以刘彻并未被立为太子。刘彻的命运出现转机是由于长公主刘嫖的出现。

汉景帝对唯一的一个同母姐姐长公主十分重视。长公主有个女儿名叫阿娇，开始长公主想把阿娇许配给当时的太子刘荣，希望女儿将来能成为皇后。但太子的母亲栗姬拒绝了长公主的要求，长公主便将目光转向了刘彻。

汉武帝刘彻

有一天，长公主问坐在膝上的刘彻阿娇好不好，刘彻大方地回答说：“好！如果能娶阿娇做妻子，我就造一栋金屋

子来藏她。”长公主欣喜异常，为了让刘彻成为太子，就在景帝面前极力夸赞刘彻，诋毁太子刘荣和栗姬。最终，景帝废刘荣为临江王，废栗姬改立王夫人为皇后，皇太子的位置被刘彻所代替。

公元前 140 年，景帝去世，16 岁的刘彻即位，是为汉武帝。当然，阿娇也顺理成章地做了皇后。

公元前 135 年，太皇太后窦氏病死，摆脱了束缚的汉武帝终于可以大刀阔斧地进行改革了，他立即终止黄老思想指导下的“无为”政治，而采纳董仲舒的新儒家学说作为指导思想。

作为新儒家代表的董仲舒早在公元前 140 年的贤良对策中就提出了他的理论，他主张“罢黜百家，独尊儒术”，统一思想，强调大一统，加强中央集权，提倡“君权神授”，把道家的道统变成封建的法统，提倡儒家的仁政，同时强调法治。

为了达到独尊儒术的目的，汉武帝在全国范围内推行儒学教育体制，用儒家思想来培养封建地主阶级的接班人。公元前 124 年，在董仲舒的建议下，汉武帝兴办了我国第一所国立大学——太学，并把培养文官作为一种国家制度。

除此之外，汉武帝还号召在郡国兴办地方学校。这样，儒学成为士人步入仕途的阶梯，把教育体制与用人制度和统一思想协调起来。天下士人为进入仕途，纷纷统一到儒家思想中来。

在思想已经统一的情况下，汉武帝开始了他的改革。首先从管制入手，逐步建立起了以皇帝制度为核心，以中央丞相制度、地方郡县制度为基础的中央集权制度。这样就削弱了丞相的权力，在不断维护皇权的过程中，汉武帝终于摆脱了田蚡等人的束缚，一人独揽大权。同时，为了加强中央集权，武帝还采取了措施削弱地方割据势力。他颁布了“推恩令”，清除分封制。新的制度规定，诸侯王除长子继承王位外，还可以推恩将其他的儿子在原封地封侯，新封的侯国不再受原国王的管辖，直接由各地郡县来管理，从而使大的诸侯王国慢慢地被分割，而势力也被大大地削弱。

汉武帝不仅在政治上进行了改革，而且在经济上也进行了革新，包括改革币制，把铸币权收归中央；由国家统一经营盐铁事业；推行“均输平准”政策；推行算缗、告缗，打击富商大贾。这一系列重农抑商的改革，在一定程度上限制和打击了富商大贾、豪强贵族的经济势力，增加了西汉政府的财政收入，从经济上加强了中央集权，巩固了地主阶级的专政。

在对外政策及措施方面，汉武帝一改以往以和亲为主的政策，由被动变主动，积极出击，开辟疆土。元朔二年，汉武帝派卫青出征，大败匈奴，收复了河南地（今内蒙古河套地区），置朔方郡、五原郡，并从内地移民10万到那里定居。元狩二年春，霍去病带兵出陇西、过焉耆山，获匈奴休屠王。同年夏，又越过居延泽，攻

到祁连山。匈奴浑邪王率部降汉，汉政府在河西地区先后置武威、酒泉、张掖、敦煌四郡。元狩四年，卫青、霍去病又分兵出定襄、代郡，追击匈奴至阗颜山和翰海。经过连续的几次重击，匈奴已经无力对抗汉朝，只得远徙漠北。汉武帝取得了抗击匈奴的伟大胜利。

为了更好地打击匈奴，汉武帝积极联络周边各国，还派张骞、苏武等人出使西域，打通西部通道。张骞第一次出使西域，前后历时 13 年，历尽艰险，百余人的使团仅有两人生还。公元前 119 年，汉武帝命张骞第二次出使西域，与西域多国建立了友好的关系，同时也使汉朝与中亚、西亚、北非、欧洲等地有了经济往来，加强了世界间的交往。

汉武帝晚年的时候，变得疑神疑鬼。一次，他因为做了一个噩梦便认为是有人在诅咒他，先后杀死了几万人，其中包括丞相、亲生女儿、皇后的侄子等。后来有人污蔑太子诅咒武帝，结果太子被迫假传圣旨斩了这个负责调查的人，发兵攻占长安的要害部门，结果皇太子兵败自杀。直到第二年，太子的冤屈才被武帝所知。后来丞相刘屈氂和将军李广利也被指控诅咒武帝，结果刘屈氂被杀，将军李广利则投降了匈奴，所率部队 7 万余惨遭杀戮，几乎殆尽。汉武帝最终还是从这次惨败中清醒过来，亲自调查所有巫蛊事件，才知道了大多数都是办案负责人江充诬陷所为，这令他后悔万分。

后来，泰山明堂祭祀的时候，汉武帝对着苍天和臣

子们做了自我检讨，遣散了所有方士，并下了“罪己诏”，宣布“当今务在禁苛暴，止擅赋，力本农。”任命田千秋为丞相，封为“福民侯”；任命赵过为搜粟都尉，推广“代田法”和先进的农用工具，这为之后的汉朝中兴打下了基础。

公元前87年，年过古稀的武帝一病不起，于是在病床前立刘弗陵为太子。为了防止太子的亲母专权，还赐死了其母钩弋夫人。封霍光为大司马大将军，辅佐皇太子。第二天，汉武帝刘彻与世长辞。

汉光武帝刘秀

刘秀（前 6 － 57），东汉创始人，字文叔，南阳蔡阳（今湖北枣阳西南）人。为西汉皇族。22 年，刘秀与哥哥刘縯为恢复刘姓统治，组织“舂陵军”起兵反王莽。23 年，在消灭王莽主力的昆阳一战中立下奇功。25 年六月，刘秀在鄗（今河北柏乡）称帝，是为光武帝。

少无大志　徐图大业

据说刘秀出生的时候有红光照堂，把当时的黑夜照得如同白昼。占卜师断定这是个难得的吉兆。同年，当地有棵谷子居然抽了 9 个穗，当地人管谷类抽穗开花叫秀，所以他就被命名为刘秀。刘秀是汉高祖刘邦的九世孙。父亲刘钦曾任南顿县令。刘钦在刘秀 9 岁时不幸去世，留下了夫人樊氏和三男三女。一家人在叔父刘良的照顾下生活。刘良当时做萧县县令。

刘秀性情温和，年轻时喜好务农，勤于耕作，丰收后曾在宛地贩谷，经常遭到哥哥刘縯的嘲笑。而他的哥哥则好侠养士，很有抱负。即使如此，刘秀还是做了东汉的开国皇帝。

17 年，刘秀到京都长安上学，从中大夫许子威学习

《尚书》。他在那时候就很仗义，总是乐于资助那些无钱的同学，并和一个同学一起买了头驴子，让仆人搞运输，挣了钱后，大家一起花费。这时的刘秀丝毫看不出有任何宏图大志，更像一名小商小贩。有一天，他听说新野有位女子长得很漂亮，名叫阴丽华，便慕名去拜访。一见之下，当即心生爱慕。后来，他又见到宫城的执金吾车骑威风凛凛、声势显赫。刘秀便感慨道："做官当为执金吾，娶妻当得阴丽华！"后来，刘秀终于如愿以偿，在做了大将军之后，找到阴丽华，并接到宛城娶为妻子。

新莽末年的天灾与人祸使各地义军蜂拥而起，天下一时大乱。刘秀和其兄刘縯眼看着时局复杂，也想趁机捞上一把。于是他们以重建汉朝为名，大肆招兵买马。22年，绿林军新市兵、平林兵进至南阳，兄弟二人起事，聚拢豪强子弟七八千人，号称汉军；又令族人联络新市、平林兵，几方联合攻下棘阳。刘氏兄弟的大名由此一下传开，他们也成为重要的一支义军。

很快，在刘氏兄弟的努力下，他们的军队很快扩展到10万余人。他们虽然名义上都是绿林军，但成分相当复杂，这其中有王凤、王匡这样的农民起义军，也有刘縯、刘秀这样的贵族豪绅。为了统一号令，方便指挥，众人便想推举一个刘氏贵族，以

汉光武帝刘秀

皇族威望统率各路人马。刘缜、刘秀和刘玄这三个人各有特点，作为候选人一直不能定下究竟立谁为帝。刘缜统率舂陵兵实力强大，很有威望，深为一些农民将领所忌；而刘玄却是只身加入平林兵，势单力薄，因此得到相当部分农民军将领的支持。于是刘玄在新市、平林、下江各路将帅的共同拥护下被立为帝，恢复汉朝，改元更始。

刘玄称帝后，封刘缜任大司徒，刘秀任太常偏将军。地皇四年六月，王莽命王邑、王寻率领大军围绿林军于昆阳（今河南叶县）。刘秀突围调集援兵，与以王凤、王常为首的留守城内的义军合击，重创莽军。这场战役最终导致了新莽政权的灭亡，具有十分重大的意义。由于刘秀在昆阳之战中立了大功，刘缜又夺取了宛城，他们的势力逐渐与农民军分庭抗礼。于是刘玄在新市、平林的农民军将领的劝说下将刘缜杀死。刘秀闻讯赶赴宛城谢罪，以此取得了农民军的信任，被封为破虏大将军、武信侯。同年九月，新莽政权覆灭。更始帝将都城迁到洛阳，刘秀又行大司马事。不久，他被派往河北地区镇抚州郡。次年五月他诛灭了称帝邯郸的王郎，破封为萧王。河北地区的豪强地主率宗族、宾客、子弟先后归附刘秀，成为他的有力支柱。至此，刘秀开始脱离更始政权，独自行动。同年秋，他又迫降和收编了河北地区的铜马、高湖、重连等部农民起义军，扩充了实力，因此，刘秀被关西称为“铜马帝”。不久，刘秀派遣吴汉等袭杀更始政权的尚书谢躬，与农民军彻底决裂。建武元年

(25) 六月，刘秀在群臣的拥戴下称帝于鄗（今河北柏乡北），重建汉政权，史称东汉。

3 年后，刘秀打败了赤眉农民军，控制了整个黄河中下游地区。随即他于建武五年 (29) 先后削平了盘踞渔阳郡的彭宠、南郡的秦丰和齐地的张步；次年盘踞江、淮的李宪、董宪、庞萌又被消灭，统一了关东，后以笼络手段使河西的窦融归附。建武九年 (33) 和十二年 (36) 刘秀又先后平定和消灭了天水的隗嚣、巴蜀的公孙述。割据安定的卢芳也于建武十六年 (40) 归附，不久逃往匈奴。12 年的辛苦努力终于使刘秀削平了各个割据势力，使天下再次归于统一。

光武中兴　废立皇后

东汉王朝建立后，为了稳定和巩固封建统治，刘秀从整顿吏治开始，加强专制主义中央集权。他鉴于西汉末年“上威不行，下专国命”的教训，他采取了封功臣为侯，赐予优厚的爵禄，但禁止他们干预政事的政策。同时也限制了诸侯王和外戚的权势，所以当时宗室诸王和外家亲属都比较遵奉法纪，无结党营私之名。在行政体制上，刘秀一方面进一步抑夺三公职权，由尚书典守机密，出纳王命，使全国政务都经尚书台，最后总揽于皇帝；另一方面，又加强监察制度，提高刺举之吏，如御史中丞、司隶校尉和刺史的权限和地位。建武六年，

刘秀又令司隶州牧各实所部，省减吏员，全国共并省400多个县，吏职减省至十分之一。这一系措施都极大地加强了皇帝的权力，使朝政归皇帝一人所掌控，并在一定程度上提高了封建官僚机构的行政效率。

安民，与民休息是刘秀的又一项政策，刘秀认为只有这样，才能保持社会稳定，才能发展社会生产，使国家真正做到长治久安。

刘秀生长在民间，经历过王莽的残暴统治，知道耕作的艰难及百姓的痛苦。因此建立东汉后，刘秀通过废除王莽的繁苛法令，恢复汉初的简政轻刑，目的就是给百姓创造一个宽松的社会环境。此后，他多次下诏裁减各地的监狱，不断地告诫各级官吏尤其是地方官吏要体恤百姓、宽松执法。

刘秀自建武二年至四年(26—28)，前后9次下诏释放奴婢，或提高奴婢的法律地位。规定民有被卖为奴婢而愿意归随父母的听其自便，对那些拘留不放的奴婢主人，就依法治罪，对于没有释放的官私奴婢，也在法律上给予一定的人身保障，规定杀奴婢的不得减罪，炙伤奴婢的要依法治罪,又废除了奴婢射伤人处死刑的法律。这些措施的实行，使大量奴婢恢复平民的身份，使返回农村的流民日渐增多，从而促进了农业的发展。

集权加强了中央的统治，休养生息使人心安定，经济发展，社会稳定。由于刘秀的文治武功，终于迎来了汉朝的中兴。这一历史时期被称为“光武中兴”。

阴丽华是刘秀的原配妻子。阴氏为新野大族，阴丽华从小知书达礼，而且美貌远扬。刘秀就是这个原因才娶阴丽华为妻的。更始帝元年(23)，29岁的刘秀与阴丽华终于喜结良缘。

婚后，刘秀仍继续致力于反莽斗争。征讨王郎时，真定王刘扬聚兵10多万，听命于邯郸王郎，不肯归附刘秀。在刘植的亲自劝说下，刘扬才勉强同意，却又提出与刘秀结亲的条件。于是更始帝二年(24)，刘秀令刘植为媒，执雁赍金，送作聘礼，择日亲往真定郡迎娶了刘扬的外甥女郭圣通。

刘秀称帝后，朝政安定，于是立谁为后的问题便摆在了他的面前。他认为阴氏先娶，又雅性宽仁，欲立之为后，但阴丽华认为郭氏有子嗣，又生长在王家，坚决辞让。结果刘秀立郭圣通为后，立其子刘疆为皇太子。但刘秀对阴氏始终念念不忘，一直非常宠爱，所以郭皇后对刘秀产生了怨怼之情。这种怨怼之情明显违背了刘秀倡导的“宫教”，再加上郭皇后不能同宫内其他妃妾友好相处，也不能很好地抚育其他妃妾的子女。刘秀不顾侍讲郅恽等人慎待皇后的劝谏，于建武十七年(41)一纸诏书废除了郭皇后，立阴丽华为皇后。后来，刘秀又同意了太子刘疆的请求，废止刘疆太子，而立阴丽华的儿子东海王刘阳为太子，改名刘庄，这就是后来的汉明帝。阴丽华后被称为光烈皇后。

公元57年二月，62岁的刘秀在洛阳南宫前殿去世。

魏文帝曹丕

曹丕(187－226)，字子恒，曹操次子。220年，曹操病死，曹丕继位为魏王，进而逼迫汉献帝禅位，建立魏国。在位7年，谥号“文皇帝”。

终为太子　代汉建魏

曹丕是著名的大政治家曹操的次子。曹丕4岁就开始学骑马射箭，自幼就跟随父亲南征北战，过着戎马生活。197年，曹操遭到张绣围攻，勇将典韦战死，长子曹昂和侄子曹安民为救曹操也战死。曹丕于是就成了曹操实际上的长子。208年，曹操在赤壁之战中大败，曹、孙、刘三家三分天下，遂形成三足鼎立之势。“挟天子以令诸侯”的曹操将名存实亡的东汉王朝的大权完全掌握在自己的手中，为曹丕的称帝奠定了坚实的基础。

而此时，曹丕正在为争夺魏王太子的位置，与众兄弟展开明争暗斗。如果按照嫡长子继承的传统制度，能文能武的曹丕在争立太子的过程中具有最为优越的条件。但事情却复杂得多，虽说父亲最钟爱的也是最聪敏的小弟曹冲（庶出）已经病逝，四弟曹植却也是个强劲的竞争对手。曹植也是能文能武、胸有大志的人物，并且才思敏捷、生活简朴，每当曹操询问军国大事，他都

【画入归图】卷 局部 ［明］ 佚名 中国台北故宫博物院藏 76－1

【画人归图】卷 局部 ［明］ 佚名 中国台北故宫博物院藏 76-1

中国皇帝传

高东海·编

三秦出版社
陕西新华出版传媒集团

中国皇帝传

高东海·编

陕西新华出版传媒集团
三秦出版社

读书时间相对减少，我们从浩如烟海的国学经典中精心遴选了80部，并对书的内容作了适度精简，编辑出版了“中华经典国学口袋书”系列丛书，希望吸引更多的人回归传统阅读，重视国学经典。“口袋书”，顾名思义就是可以放在口袋里的书籍，其目的就是为读者奉献易于携带、便于翻阅、开卷有益的精神食粮。使他们于居家出行、茶余饭后，随时信手展读，含英咀华，增知怡情。

本丛书涵盖了经史子集、诗词曲赋、笔记信札、经典名句赏析，可谓贯通古今、包罗万象，能够最大限度满足各层面读者的阅读需求。书中既有对照古籍原文的“白话文”，又有介绍典故出处、时代背景、人物事迹等辅助阅读的“注释”，还配以帮助读者理解和提高的“赏析”。使对国学造诣程度各异的读者都可以做到读通、读懂，真正做到了老少皆宜、雅俗共赏。

这套书不仅在内容上编排严谨、注解精当；在外观上也充分彰显书籍之美，版式新颖，设计考究、印装精美，必定会成为您工作生活中的良师益友，带给您全新的阅读感受。

出版说明

中华文明源远流长，上下五千年，圣贤相继，英才辈出，他们殚精竭虑、呕心沥血，为后人留下了一部部经典作品。这些“经典”如同金砖玉瓦，构建成了一座金碧辉煌的殿堂，我们称之为“国学”。其内容宏富，博大精深，可谓是中华思想文明的浓缩，中国传统文化的精髓，是先贤遗留下的宝贵精神财富，值得好好传承和大力弘扬。越来越多的人们认识到其价值，读国学、诵经典的热潮正在蓬勃兴起，既有数字阅读的风生水起，更有坚守或者回归传统纸质阅读的蔚然成风。

读纸质书，无疑有着其他阅读方式所无法比拟的独特体验，一册在手，可以边读边做批注、写札记、勾画重点，也可以掩卷深思，细细品读。这种探究式阅读方式，有利于人们学习知识、启迪智慧、提升修养、提高境界，也有利于培养孩子们安静学习、锤炼思想、闻着书香做学问的良好习惯。

为了倡导全民阅读，特别是推进纸质阅读，营造爱书、品书氛围，同时考虑到当下人们的生活日趋丰富多彩且节奏加快，闲暇时间越来越碎片化，

图书在版编目（CIP）数据

中国皇帝传 / 高东海编. --西安：三秦出版社，2017.9（2018.3重印）

（中华经典国学口袋书 / 徐喜平主编）

ISBN 978-7-5518-1588-8

Ⅰ. ①中… Ⅱ. ①高… Ⅲ. ①皇帝 – 列传 – 中国 Ⅳ. ①K827=2

中国版本图书馆CIP数据核字（2017）第194035号

出 品 人　支旭仲
项目策划　匡俊英　白忠平
责　　编　赵建黎
封面设计　陈　非
版式设计　高东海
内文排版　白英华

出版发行　陕西新华出版传媒集团　三秦出版社
地　　址　西安市北大街147号
电　　话　（029）87205121
网　　址　http: / / www.sqcbs.cn

规　　格　720mm × 910mm　1/32
　　　　　印张8　彩插8　字数154千字
印　　刷　西安新华印务有限公司（独家承印）
版　　次　2017年9月第1版　　2018年3月第2次印刷
标准书号　ISBN 978-7-5518-1588-8
定　　价　18.00元

凡有缺页、倒页、脱页，可与工厂直接调换。电话：029-84273850

目 录

现了保家卫国的献身精神。

历史是一面镜子，“以史为鉴，可以知兴替”。为了便于读者了解史实，理清历朝历代的脉络，并对其有一个较为清晰准确的认识和把握，我们组织了一些谙熟史学的作者，群策群力，编写了这部《中国皇帝传》。这部《中国皇帝传》汇集了历代皇帝近百位的小传，上起始创“皇帝”名号的秦始皇，下迄清朝末代皇帝溥仪，大体反映了历代皇帝的全貌。全书按朝代先后顺序编排，正史所承认且建元的历代皇帝大多囊括其中，有些伪帝、隐帝则舍弃不录。对于其中一些著名的、在历史上有重大影响的皇帝，如秦皇汉武、唐宗宋祖以及一代天骄成吉思汗和明清两代的开国皇帝明太祖朱元璋、清太祖努尔哈赤等，记述较为详尽，对于那些昏庸荒淫但史事颇多、恶迹昭彰的亡国之君也叙述较详，以使人们引以为鉴；对于那些事迹了了，乏善可陈，如同傀儡的皇帝则以简笔勾勒。这样既做到了重点突出，又兼顾了全面。

前　言

在中国二千多年漫长的封建社会里，皇帝是国家的最高统治者，是封建专制统治的象征与代表。在历代皇帝中，有的昏庸，有的残暴，当然也不乏有理想，有作为，有影响的贤明之君。中国古代皇帝很多，限于篇幅，只能从中选择一部分有代表性的人物，其中大多数是对中华民族的历史做出过重大贡献的。有的皇帝，特别是开国之君，在建立新王朝之后，为了巩固刚刚取得的政权，实施了一系列稳定政局和发展经济的政策，有力地促进了社会生产力的发展。有的皇帝在国家、民族出现危机时，他们坚持统一、反对分裂，表现了强烈的爱国主义热忱；有的皇帝在国家、民族遭到侵略时，为了维护祖国的主权和独立，他们果敢地率领广大人民进行英勇抵抗，体刘备进驻小沛。

刘备返回小沛，兵士渐渐增至万余人。这引起了吕布的不安和嫉恨，他便亲自带兵攻打刘备。刘备战败，只得投奔曹操。曹操举荐刘备为豫州牧，因而史称刘备为“刘豫州”。曹操亲自率领大军前往，将吕布擒住，并在刘备的提醒下将吕布缢杀。曹操取胜后，刘备暂时寄人篱下，随曹操到许昌，曹操又上表推举刘备为左将军。

纵论英雄 借机脱身

刘备来许昌后不久，汉献帝皇后之父车骑将军董承因不满曹操专权，密谋诛杀曹操。刘备在名义上是汉献帝的皇叔，也有一批人的顺从，所以他们希望刘备参与。刘备答应参与，并接受了汉献帝以衣襟书写的手诏。

曹操虽然表面厚待刘备，出同坐一车，居内同座一席，实际上却很不放心，经常派人加以监视。刘备知道曹操提防自己，便深居简出，闭门谢客。有时，刘备还在院子里刨地种菜，浇水捉虫，乐此不疲，一副悠然自得、胸无大志的样子。一次，曹操请刘备喝酒，谈论天下英雄。刘备提到了袁绍，曹操却笑着对刘备说：“今论天下英雄，看来

曹 操

只有您和我。袁绍之徒，不足挂齿。”刘备正在吃饭，一听此话，竟以为自己与汉献帝的密诏被曹操发现了，顿时正夹菜的筷子也掉到了地上。当时外面正在打雷，刘备为掩饰自己的失态，对曹操说：怪不得古人说“迅雷风烈必变”，此刻一震，便致于此。

喝完酒出来，刘备再三捉摸曹操的话，觉得曹操真是一代枭雄，自己如此谨慎小心依然瞒不过他，怕自己将来为曹操所害。此后，他一面和董承他们联络，共同设法除掉曹操；一面找机会离开许都。

正巧，袁术因被曹军打败，想经徐州北上投奔其兄袁绍。曹操不愿他俩联合，准备派兵截击。刘备趁机请求前往。曹操未加考虑，随口答应，刘备立即将兵脱离曹操而去。郭嘉等人听说此事，连忙劝谏，以为不可放虎归山，给自己的事业埋下祸患，曹操马上派人追赶刘备，但刘备早已杳无影踪。

第二年春天，有人向曹操告发了董承和刘备在许都合谋反对曹操的事。曹操就把董承和他的三个心腹都杀了，并且决定亲自发兵征讨刘备。那时候，袁绍已经兼并了幽州（在今河北北部，辽宁大部分），拥有几十万人马，扬言要进攻许都。曹操就决定把一部分精兵守住官渡（在今河南中牟东北），防备袁绍进攻。他亲自带领大军进攻徐州。刘备派人向袁绍求救，袁绍手下的谋士田丰劝袁绍乘许都兵力空虚的时候偷袭曹操，袁绍并没有采纳田丰的建议，当曹操大军进攻徐州时，刘备抵挡不住进攻，只好放弃徐州往冀州投奔袁绍。镇守下邳的关羽，也因抵挡不住曹军的猛烈进攻，被迫投降。

访贤纳良　三顾茅庐

袁绍听说刘备被曹操打败来投奔自己，十分高兴，以为又添了一个对抗曹操的帮手，于是马上派军前去迎接。一个多月后，刘备散失的部众渐渐得到了恢复。官渡之战时，袁绍派刘备率部众袭击曹操的后方。但袁绍却在官渡之战中大败，刘备于是看清形势投奔了荆州太守刘表。刘表让刘备屯驻新野（今河南新野）防备曹军南下。

屡次寄人篱下，刘备这个有雄心壮志的人就开始反思自己的奋斗之路，他找到了自己的两个缺憾。一是实力不足，二是没有运筹帷幄的战略家。因此他决心广揽人才以壮大自己。

起初，他访得了“水镜先生”司马徽，但司马徽不愿介入连绵不止的军阀混战，便给他推荐了“卧龙”和“凤雏”。不久，徐庶前来投奔刘备，他一来便三败曹操，并夺取了樊城。但是好景不长，曹操就假造徐庶母亲的“亲笔信”骗走了徐庶。刘备在送徐庶时哭着说：“先生既去，刘备将远遁山林也。”徐庶大为感动，走出很远后，又策马回来向刘备推荐了“卧龙”，即诸葛亮。徐庶还对刘备说：“我跟他相比，就像是驽马比麒麟，乌鸦比凤凰。他可以比管仲、乐毅；依我看来，你如果能得到他就可以得到天下了。”他接着又告诉了诸葛亮家的住址，随后又说：“卧龙先生乃兴周八百年之姜子牙、旺汉四百年之张子房啊。”几天后，刘备率关羽、张飞等随从前去拜访。众人来到了一处风景宜人的茅舍前，书童却告知诸葛亮外出未归。关、张二人稍感沮丧，刘备三人之行就此落空。

之后，刘、关、张三人第二次专程来拜访，但又扑了个空。关羽、张飞二人颇为不满，刘备却对他们说：“此次未见，下次再来。”关、张二人更不高兴，心中牢骚不断。

第三次去拜见诸葛亮时，刘备终于见到了他日思夜想的“卧龙”先生。这就是历史上有名的“三顾茅庐”，成为人们礼贤下士的美谈。刘备三顾茅庐，精诚所至，使诸葛亮大为感动。二人一见如故，相逢恨晚。刘备虚心请教天下之事，诸葛亮便将自己对时局的精辟见解毫无保留地对刘备倾说。诸葛亮分析了曹、孙、刘当时各自占有的天时、地利与人和的因素，提出了先占荆襄、后夺益州，进而三分天下的战略，这就是历史上有名的“隆中对”。刘备听罢，更是对诸葛亮的才华心悦诚服。

诸葛亮

诸葛亮一来久闻刘备英名，早知刘备乃成大事之人，二来为刘备的诚恳心意所感动，于是出山辅佐了刘备。从此，刘备就在诸葛亮的忠心辅佐下，按照“隆中对”的计划，开始了他以复兴汉室为名创立蜀国的事业。

联吴抗曹　汉中称王

东汉建安十三年(208)，曹操在统一北方之后，又率大军南下进攻刘表，企图夺取荆州。这时刘表已经病危，打算推荐刘备为荆州刺史，治理荆州。刘备推辞不就。刘表病死后，其次子刘琮继任荆州牧。刘琮软弱无能，听说曹操30万大军将至，吓得魂飞魄散，连忙上表请降。于是刘备率众向江陵撤退。曹操听说江陵存有大量军械粮草，担心被刘备夺去，于是舍弃辎重，轻装赶至襄阳。见刘备已经过去，曹操亲率三千精锐骑兵，昼夜兼驰、马不停蹄，终于在当阳长坂坡(今湖北当阳东北)追上刘备，并大败刘备。刘备只好突围而走，退至夏口(今湖北武汉)。

曹操占据荆州后，收编了刘琮的水军，占领了江陵，又缴获了大量军资，声势更大。曹军沿江东下，准备消灭刘备，进而吞并孙权，占领江南。刘备在东吴鲁肃的建议下，派诸葛亮去见孙权，希望劝说孙权联合抗曹。孙权同意联合抗曹，遂派鲁肃、周瑜、程普等率水军数万，与刘备一起合力抵抗曹操。孙刘联军巧施计谋使曹操上当，把大船都连在一起，后又用火攻的办法攻打曹军，结果曹操损失惨重。这就是历史上著名的“赤壁之战”。

赤壁之战后，刘备宣布刘表的另一个儿子刘琦为荆州刺史，利用刘表父子在荆州的势力和影响，招抚长江以南的荆州四郡太守，四郡太守欣然归附。不久，刘琦病逝，刘备自称荆州牧，荆州一些文武人才，如黄忠、庞统等都纷纷聚集在刘备身边。孙权想利用刘备对抗曹操，不仅承认了刘备为荆州牧的事实，而且主动将自己的妹妹嫁给了刘备，于是孙刘双方的关系得到进一步巩固。

刘备占有荆州大部，又当上了荆州牧，有了立足之地，但其实力和地盘与曹、孙相比，仍难以抗衡。因此占有荆州后，刘备便着手进取益州。益州主要指现在的四川，并包括现在的云、贵、甘、陕等省的一部分，地域广阔，物产丰富，号称“天府之国”。益州牧刘璋虽是汉朝宗室，但性格怯懦，他本想依附曹操，但曹操并不领情，于是转而迎来刘备。刘璋派刘备攻打张鲁，可又多方掣肘，遂使刘备反目，围攻成都，刘璋不敌投降。刘备自称益州牧，逐渐在益州站稳了脚跟。

刘备占领益州后，又占领了汉中，然后派刘封、孟达等攻占汉中郡东部的房陵（今湖北房县）、上庸（今湖北竹山西南）等地，疆域逐渐扩大，后来又在部下的拥戴下，自称汉中王。

称帝伐吴　临终托孤

刘备自立为汉中王不久，就得到曹操的儿子曹丕自立为大魏皇帝的消息，刘备痛哭失声，并下令文武百官披麻挂孝，遥望北方设祭，追加汉献帝的谥号“孝愍皇帝”。

曹丕建国不久，诸葛亮等人也劝刘备自立，刘备虚情假意了一番，但终经不住诸葛亮的多次劝谏，于是在这年四月，刘备正式称帝，定国号为汉，也叫蜀或蜀汉，定年号为“章武”，任命诸葛亮为丞相。

这时，在荆州那边传来关羽被东吴杀害的消息。原来关羽在荆州与曹操作战，从荆州出兵，进攻襄阳和樊城，并利用水势水淹七军，擒于禁、杀庞德、败曹仁，势不可挡。一时间，关羽威震华夏。就在此关键时刻，曹、孙两人摒弃前嫌结为同盟，杀了关羽。之后荆州一带就落入了孙权手中，孙刘联盟也彻底破裂。

这次失败对刘备的打击极大。关羽是刘备的生死患难之交。关羽早年跟随刘备，寝则同床，恩若兄弟，再者荆州对于刘备来说，至关重要。按照既定的战略方针，刘备以讨伐曹魏、复兴汉室的名义，两路进

关　羽

攻中原。一路出汉中，一路出荆州，互相呼应配合。失去荆州之后，北伐曹魏只剩汉中一路，况且山路多险。粮草难继，取胜希望不大。如不夺回荆州，刘备便被封闭在三峡之内，极难发展。所以刘备师出有因，准备进攻东吴，一来为关羽报仇，二来为夺回荆州。

所以，他称帝后的第一件事就是出兵东吴。蜀中群臣大都加以谏阻，但刘备却决意出兵。在还没出发时，刘备又收到了张飞部将叛变，杀了张飞的消息。尚未出兵，便先损兵折将，但此时刘备心意已决，一心只想夺回荆州，哪里还听得进去大臣们的劝谏。

221 年，刘备亲自率领七八万大军，出巫峡，沿长江水陆并进，直扑东吴。孙权见刘备来势凶猛，遣使向刘备求和，刘备直言拒绝。开始的时候刘备进展顺利，没多久就攻占了东吴五六百里地。蜀军很快打到夷陵（今湖北宜昌东南），从巫峡到夷陵有六七百里，江岸两侧高山峻岭连绵不断。刘备在江岸南侧沿路扎营，树立木栅，紧接着又命令水军登陆，也在山林中扎营。刘备拉开了漫长的战线，沿江设了几十处营寨，表面上声势浩大，实际上兵力分散，实力大为削弱。刘备亲率主力屯驻在夷陵猇亭（今湖北宜昌北）。他数次派军向东吴挑战，吴军主帅陆逊却坚决节制吴军诸将，不许他们出战。双方相持了六七个月，蜀军并没有找到机会跟吴军交战，结果使得军士们斗志开始涣散，就连刘备本人也放松了防备。

章武二年(222)闰六月，陆逊见蜀军业已懈怠，便命令吴军火烧蜀营，发动猛攻。吴军趁火势连破蜀军40余营，刘备败退到白帝城（今四川奉节）。

火烧连营之后，对于已进入暮年的刘备来说，是一个沉重打击，这次失败使他心情郁闷，终致一病不起。

章武三年(223)四月，刘备病情恶化，死于白帝城永安宫，终年63岁。临终前，他派人把诸葛亮请到白帝城，托付后事。他恳切地对诸葛亮说："君才十倍于曹丕，必能安国，终定大事。若嗣子刘禅可辅佐，则辅佐之；如其不行，君可取而代之。"诸葛亮哭着说："我一定竭尽全力，效忠贞之节，死而后已！"于是刘备对刘禅说："我死之后，你要把丞相看作父亲一样，和他共同治理蜀汉。"除了向诸葛亮托孤，刘备还向刘禅留下遗书，叮嘱他凡事"勿以恶小而为之，勿以善小而不为"。这年五月，刘备的梓宫运回成都，葬在惠陵，谥号昭烈皇帝。

吴大帝孙权

孙权(181—252)，字仲谋，三国时东吴的开国皇帝，吴郡富春(今浙江富阳)人。父孙坚，兄孙策曾割据江东，兄死后，孙权接过了父兄未竟的事业，从一个军阀割据势力发展成为三分天下有其一的政权。黄龙元年(229)建国称帝，在位24年。谥号“大皇帝”。

割据江东　联刘抗曹

孙权，字仲谋，吴郡富春(今浙江富阳)人。从小聪明伶俐，有勇有谋。14岁就跟随兄长孙策转战江东，立下卓绝的战功。

孙策的父亲是长沙太守孙坚，原是袁术的部下。孙坚死后，孙策带领弟弟投奔袁术，但却不被袁术重用。他们的舅舅吴景在丹阳做太守，后被刘繇逼走。孙策知道袁术曾与刘繇有矛盾，就向袁术表示愿意领兵去打刘繇。袁术允准，给了他一千人马。孙策于是就向南进兵，一路上又有许多人归顺他，到了历阳(今安徽和县)时，兵力已扩充到了五六千人。他的至交周瑜也在这时带领军队和他会合。过江后，他们打败刘繇，夺回了丹阳，还接连攻下了昱郡、会稽等六郡，成为江东的主人。

孙策趁曹操和袁绍在官渡相持不下的机会，雄心勃勃地准备北伐，夺取中原，但没料到发生了一件意外的事。原来，孙策攻下吴郡的时侯，杀了那里的太守许贡。没想到许贡的门客竟趁孙策上山打猎的时候，放了一支暗箭，射中了孙策的面颊。

孙策的伤势急剧恶化，在他弥留之际把张昭叫来并嘱咐说："现在天下大乱，如果据有吴、越之众，保有三江之固，足以坐观成败，进而兼取天下。请诸君好生照顾吾弟。"然后又将官印授予孙权，对孙权说："若论率江东之众，冲锋陷阵，与天下英雄争高下，你不如我；若论举贤任能，使众人齐心协力保有江东，我不如你，你当善自为之！"当夜，孙策身亡，年仅 26 岁。

于是，孙权继承了其父兄开创的事业。当时，会稽、丹阳、豫章等六郡新占不久，人心并未归附，统治并不牢固。将士见新即位的主帅年轻，于是纷纷放心不下。许多江东英豪和北方侨寓之士也多徘徊观望，有人甚至想改换门庭，另投新主。在此关键时刻，江东名士周瑜从驻地巴秋率军前来与孙权会合，稳住了军心。从此，周瑜便和张昭一起全心全意辅助孙权。

孙权在位期间十分重用人才，江东文臣武将，人才济济，出现了一片兴旺景象。已占据

吴大帝孙权

北方大部地区的曹操早有统一天下之志，于是想借江东孙策新丧，孙权新即位，人心不稳之机出兵伐吴。侍御史、孙策旧臣张纮劝阻道："乘人之丧进兵，不合古义，有不仁不义之嫌。如果征伐不利，会将好友变成仇敌。不如利用这个机会厚意待之，孙氏必然感恩戴德。"曹操听从其言，上表请封孙权为讨虏将军，领会稽太守。之后，孙权就名正言顺成了江东割据政权的主人。

孙权在江东励精图治，两三年的时间，江东已成为天下最发达、最繁荣而又很有实力的地方。他开始按照鲁肃的建议行事，先把叛乱的庐江太守李术、本家孙辅消灭，又将盘据一方的黄祖清除，巩固自己在江东的统治政权。然后继续向南进军，把自己的领地发展到今天的广州一带。正当他准备进一步谋取荆州的时候，不料曹操却领兵南下，在他之前进入荆州地界。

面对曹操的大军压境，东吴上下举棋不定。他们分析了敌我双方的实力，逐渐分为主和和主战两派，多数人都主和，只有鲁肃和周瑜主战。

正在这危急的时候，诸葛亮来到了柴桑。他面见了孙权，又与东吴群臣在战与和的问题上进行了激烈的辩论，指出只有两方联合才能打退曹操，才能保住江东大地。

之后鲁肃也来面见刘备，提出了联合抗曹的建议，很快得到了诸葛亮和刘备的认可。有了刘备这一支军事力量，孙权更是信心大增。于是他任命周瑜为都督，拨给他 3 万水军，叫他协同刘备抵抗曹操。

周瑜领兵进军，在赤壁遭遇曹军。果然不出周瑜所料，曹军士兵很多因不服水土，得了疫病。双方一交锋，曹军就打了败仗，被迫撤退到长江的北岸。

周瑜率军进驻南岸，和曹军隔江遥遥相对。由于曹军士兵不习水战，庞统便献计使曹操上当，把战船连在了一起。后来黄盖又献苦肉计，得到曹操信任，然后用十艘战船装满柴草、油脂，以火攻烧掉了曹操大营。曹操败走华容道，狼狈北撤，损兵折将，死伤过半。赤壁一战，曹操大伤元气，三国鼎立局面基本形成。这一年，孙权仅 27 岁。

夺取荆州　建立帝业

荆州地险民富，扼南北通道，位置极为重要。赤壁之战后，为共同抵抗曹操，孙权将荆州诸郡借与刘备。建安十九年 (214)，孙权见刘备羽翼已丰，便命诸葛瑾向刘备索要荆州诸郡。刘备当然是有借无还。盛怒之下，孙权派吕蒙、鲁肃等率兵攻取长沙、零陵、桂阳三郡，刘备急忙从成都领兵下公安（今湖北公安）。适逢曹军进入汉中，刘备怕益州有失，遣使向孙权求和，孙权也因力量不足，同意重结盟好。于是双方商定瓜分荆州，以长沙、江夏、桂阳东属孙权，南郡、零陵、武陵西归刘备。刘备派大将关羽镇守荆州。关羽性情骄傲，

吕　蒙

刚愎自用，曾先后被吕蒙佯病、陆逊谦恭所蒙蔽。当他调兵攻曹时，孙权就趁他后方空虚，率军沿江而下。后吕蒙又用白衣过江之计，突破关羽沿江守备，深入荆州腹地。关羽闻报立即撤军南返，在麦城（今湖北当阳东南）被杀。孙权于是将荆州全部占领。

就在孙权夺回荆州的第二年(220)，曹操病逝，其子曹丕代汉称帝，建立魏国。孙权知道自己夺回荆州，刘备必然出兵再争。为避免两面受敌，必须与魏国暂时搞好关系。因此，他派使节向曹丕祝贺称臣。曹丕封孙权为吴王。群臣有人认为不宜接受封号，但出于权宜之计，孙权以刘邦接受项羽封号为依据接受了封号，并遣使纳贡，奉献礼物，恭行臣子之礼，但始终未送儿子孙登作为人质。

东吴黄武元年(222)秋，曹丕以孙权不送子为人质，首鼠两端、心怀二意为由，派三路大军直攻洞口（在今安徽和县东南）、濡须（在今安徽巢县）和南郡。孙权连忙调兵遣将，抵挡曹军。孙权为防止两面受敌，派人向刘备求和。刘备也担心魏国灭掉东吴之后，可以全力以赴地对付自己，出于对国家利益的考虑，吴蜀联盟重新建立，双方信使往来不绝。魏军一时未能取胜，便撤军北还。

同时，诸葛亮也带领蜀军，对魏国不断发动进攻。曹魏无法分兵东向，于是，孙权建国称帝的时机终于成熟。

在群臣的屡次劝谏下，孙权屡次拒绝，并将心思用于发展江南经济上，使江南社会生产力逐步提高，东吴的国力也越来越强盛。这时，孙权见曹魏幼主临国，不会有大的作为，吴蜀联盟关系融洽，国内统治十分稳固，便于 229 年称帝，正式建立吴国。

即位后的孙权，继续执行即位前的政治、军事、经济政策，国力日渐增强，这与孙权的重用人才是分不开的，他在用人方面很有一番心得，其恩威并重，并以恩义为主，博取众将之心。正因为孙权能礼贤下士，爱才如命，天下之士才视孙权为圣君明主，望风而归，使东吴贤臣如林，猛将如云，故能保江东几十年基业。

不过孙权晚年昏聩，与他早期的英雄贤明作为相比，简直判若两人。随着猜忌心的日益加重，孙权专门设置了校事、察战两职，用以监视文武百官。

东吴太元元年 (251) 冬十一月，孙权出南郊祭天地，回宫之后，便得了风疾。十二月，孙权将大将军诸葛恪召回，拜为太子太傅，开始安排后事。东吴神凤元年 (252) 四月，孙权病逝，享年 71 岁。

晋武帝司马炎

司马炎(236 – 290)，西晋开国皇帝。字安世，司马昭之子，司马懿之孙，曾为魏相，后封晋王。魏咸熙二年(265)，受禅代魏，建立了晋王朝，在位共 26 年。庙号“世祖”，谥号“武帝”。

受禅代魏　兴兵灭吴

司马炎是晋王司马昭的长子，是理所应当的继承人，但司马昭喜欢的却是另一个儿子司马攸，想让他来继承自己的王位。司马攸性情温善平和，为人亲切，乐善好施，喜欢文章诗赋，是一位具有浓厚艺术气质的儒雅之士。而司马炎却是一个天生的政治家，沉静内敛，做事果决，喜怒不形于色，几乎完全秉承了祖父司马懿的天性。这正是众大臣心目中的理想人选，因此他们力谏司马昭，立司马炎为世子，一是为了多年积下的家业，二是为了兄弟之间的情谊。司马昭接受了众大臣的意见。司马昭去世后，司马炎继任相国、晋王。

265 年，司马炎以当年魏王曹丕接受汉献帝禅位时几乎一样的口吻，接受了魏帝曹奂的禅让，建立了晋朝。

为了巩固晋王朝统治，继而实现灭吴而统一天下的大业，司马炎在即位的第一年，便下诏给已经成为陈留王的魏天子，说他以后仍可以以天子之礼、皇家的仪式来祭拜魏氏的祖先，并且可以在上表的时候不以臣子相称。同时，他又赐安乐公刘禅的一个儿子为驸马都尉，第二年又解除了对汉室宗亲的禁锢。这些举措有力地缓解了晋王朝同各大政治集团的矛盾，既给足了魏氏集团的面子，又稳定了汉氏宗亲的人心，同时亦消除了东吴人民对他们的戒备之心，为吞并东吴取得了政治形象上的主动权。

通过一系列有力措施的实施，晋武帝司马炎的雄才大略得以充分显现，西晋的国力也日益强盛，民心也逐渐稳定了下来。此时的东吴却如日薄西山，处处表现出倾颓的趋势。西晋的大臣多次提议对东吴出兵，但谨慎持重的司马炎都未同意。直到晋泰始六年(270)，他才派羊祜到晋吴交界地——荆州，着手进行灭吴的准备工作。晋吴间的边界线以荆州最长，所以这里是灭吴的关键地区。羊祜到任后，对这里进行了全面地侦察，发现荆州的形势并不稳固，不但百姓生活不够安定，就连戍兵的军粮也不充足。于是，羊祜大量开办学校，兴办教育，安抚百姓，并与吴国人坦诚相待，凡投降之人，去留由自己决定。羊祜的这些措施迅速地安定了荆州的社会秩序，增强了军队的战斗力。

晋武帝司马炎

到了276年，伐吴条件已经具备，但因秦、凉二州发生兵变，失去了夺吴的最佳时机。278年，羊祜病重，他推荐了很有军事才能的杜预接替自己，不久便过世。羊祜死后，名将杜预接替他担任镇南大将军，都督荆州诸军事。杜预一上任就袭击了驻守在要害之地的吴军，并且大获全胜，同时又借机除掉了吴名将张政。这时，杜预与担任训练水军重任的王濬相继上书，向晋武帝请求伐吴之期。在众多大臣的多次上表请求之下，晋武帝终于下定了灭吴的决心。

279年，西晋的二十几万大军分六路深入吴地，吴军也展开了殊死地搏斗，采取了众多的办法来抵挡晋军的进攻，如在江中水下布铁锥，水上设铁链，但是双方实力相差实在太过悬殊，一个是训练有素的精锐之师，一个是久未打仗的强弩之末，战事呈现一边倒的态势。

晋军一路南下，直驱建业。这时，另一路陆路大军也在王濬的率领下势如破竹，合围建业。在两路大军的夹击之下，建业城被围得水泄不通，吴国的亡国之君孙皓只得肉袒自缚、献城请降。至此，雄踞江东近60年的孙氏政权彻底灭亡了。

声色放纵　穷奢极侈

谁也没有想到，一向以俭约清廉著称的司马炎会在灭掉东吴、统一全国之后，生活开始奢侈起来，逐渐被物欲与女色所诱惑而不知所为。他为了表达自己的孝心，开始大规模地为祖先修造陵庙。12 根巨大的铜柱皆镀以黄金，饰以明珠，所用石料都是从遥远的地方运到洛阳。为了满足自己的色欲，他下令让大臣们从江南各地搜罗美女送进皇宫，以供自己玩乐。由于宫中的姬妾太多，以致使他每天发愁，不知该到谁那里睡觉才好。于是他就弄来了一只羊，让羊拉着车子，车子跑到哪个美女的门前，他就在谁那里就寝。有些聪明的美女为了得到皇帝的宠幸，便想出一个办法，给门口插上竹叶，给地上浇了盐汁。羊生性喜欢吃竹叶，又喜欢吃咸的东西，因此就停下来不走。这些美女于是就凭此得到了宠幸的机会。

不久，宫里的美女都知道了这个窍门，并付诸实践，以至于每一个门前都插上了竹叶，地上都洒了盐。

如此一来，原本已有所好转的社会风气在晋武帝这一腐化奢侈之风的影响下，又开始混乱起来。整个西晋王朝顿时刮起了一股奢侈之风。太尉何曾的帷帐车服穷极绮丽，厨膳滋味过于王者，即使在饮食上日费万钱，犹言无处下箸；而尚书任恺的奢侈更是有过之而无不及，何曾不过是日费万钱，而他每顿饭就要花去万钱；晋武帝的女婿王济，菜肴中的乳猪，居然用人乳喂养，用人乳烹制；富豪石崇宴请客人时总让美女敬酒，如果客人饮酒不尽，便将美女斩首。而且，石崇家也特别讲究，就连厕所也建造得如闺阁一般。一次，散骑常侍在他家

石 崇

做客，需要解手，仆人把他带到一间挂着锦绣帐幔、布置豪华的房屋，他见一些侍女捧着香囊站在两边，以为走进了内室，吓得退了出来，向石崇道歉，但石崇告诉他那就是厕所。

即便金山银山也经不起这样的挥霍，再强壮的身体也经不住无节制的纵欲享乐。曾经豪情万丈、心怀天下的司马炎，在无度的挥霍之下，他的身体发生了问题。公元290年农历三月，晋武帝司马炎病重。四月，这位开国皇帝病逝，终年55岁。

晋元帝司马睿

司马睿(276—322)，司马懿曾孙，父为琅邪恭王司马觐。西晋愍帝死后，司马睿在建康称帝。在位5年，病死，终年47岁。谥号“元帝”，庙号“中宗”。

移镇江南　王导主政

司马睿在15岁时继承了父亲司马觐的爵位为琅邪王。在西晋皇族中，地位和名望并不高，所以一直不太引人注意。292年，他被封为员外散骑常侍，累迁左将军。那时，他与东海王司马越因封地相邻而交往比较密切，因而认识了司马越的参军王导，并且还和王导成为了生死至交。

司马越当时一度掌握西晋政权，而司马睿只是他的随从。在司马越参加皇室征战时，就把自己的后方交给司马睿镇守。后来，王导看出这个敌后方不宜防守，不宜作为根据地，便建议司马睿请求司马越移镇建业。

307年，司马睿为安东将军后镇守建业，统率扬州江南的军事。他带去了一大批北方的士族官员，其中最有名望的是王导。

311年，司马睿晋位镇东大将军，成为江南地区的最高行政长官。

司马睿清楚，自己虽为皇亲国戚，但天下纷争、群雄逐鹿，自己据守江东，如果没有当地的士族撑腰，是很难站稳脚跟的，更不用说大展宏图了。而且在西晋贵族中，他自身也没有什么威望，所以去了建业后有很长一段时间，都没有人来拜访他。王导是个很有才能的人，为此他向司马睿献计，说他可以帮助司马睿提高威望。

王导有个堂哥王敦，当时在扬州做刺史，胸有韬略。王导把王敦请到建康，两人一商量，想出一个主意来。按照当地的风俗，每年三月三这天，百姓和官员都要到江边去“求福消灾”。这一天，王敦出动了大批人马鸣锣开道。从北方来的上百个官僚骑着高头大马招摇过市，然后是司马睿的豪华轿子和护卫的马队。世家大族的头面人物纪瞻、顾荣，在人群中见了这大队人马，纷纷跪在路旁迎接。

接着，王导又向司马睿献计，建议将顾荣、贺循等这些江南士大夫的领袖网罗门下，让南方士族都能为己所用。司马睿当下同意，便立刻派王导去请，这些士族当然也是应命而至。后来士族纪瞻、卞壸、刘超等名士也都相继会集到司马睿身边，为司马睿所用。从此，司马睿在南方站住了脚，几个郡的人才都来投奔，南方官僚的大力拥护，为东晋政权的建立奠定了基础。

317 年，在北方的世家大族和南方的土著世家的联合支持下，司马睿成功地建立了晋王权。

318 年，西晋愍帝被害的凶讯传到建康。百官请上尊号，司马睿略作推辞，随后即位，为晋元帝，改元太兴，成为东晋的开国皇帝。

晋元帝司马睿

在司马睿创业的过程中，王导、王敦兄弟发挥了极为重要的作用。从初到建康，到征讨天下，再到建国称帝，王敦主外，为东晋王权的建立创下了汗马功劳；王导主内，统领尚书省，处理国家大小事务，其王氏子弟也多有人才，在朝中都担任要职，因此当时人们都说：“王与马，共天下。”

即位大典那天，王导和文武官员进宫来朝见。司马睿一见到王导，就连忙从龙床上站了起来，并对王导说：“请到御床上来，朕愿与你共坐，共享富贵之乐。”这句话吓得王导一身是汗，连忙跪下，口称“不敢”。但后来每次上朝，司马睿只要一看到王导，就要起身相迎。

司马睿认为自己能够得到这个皇位，全靠王导、王敦兄弟的力量，所以对他们特别尊重，封王导担任尚书，掌管朝内的大权；封王敦为将军，总管江、扬、荆、湘、交、广六州之军事。王家的其他子弟，亦受到了很好的礼遇。

无意北伐　王敦专权

晋元帝司马睿即位的时候，依旧是在江南的一隅。而当时黄河流域的政权更迭频繁，广大人民陷人水深火热之中，他们盼望东晋北伐，恢复统一。但是这时的东晋，苟且偷安的风气弥漫着整个朝廷，对北伐的事情一直是提而不决，就怕一旦对北方的匈奴政权动武，连自己的小朝廷也保不住。

爱国将领祖逖是坚持北伐的极少数将领之一。曾在313年，他就向司马睿提出了收复中原的主张，但当时的司马睿根本无意于此。一方面，他刚刚占据南方，需要巩固他的统治；另一方面，当时的西晋在长安还有一个名义上的朝廷。一旦发兵北伐，那肯定也是劳师伤财的事，可是祖逖的北伐主张又让司马睿不好拒绝，如果直接回绝了，肯定会造成负面影响，让北方的老百姓伤心，让南方的老百姓失望。“失民心者失天下”的道理，他还是懂得的，所以他用了一个障眼法，表面上同意，实际上消极北伐。他给了祖逖一千人的粮饷和三千匹布，让祖逖自己去招募，另外，又任命祖逖为豫州刺史，有职无权。因为当时豫州的地域基本上控制在羯族人石勒的手中。祖逖名为豫州刺史，实际上形同虚设。但是，祖逖受命之后，毅然带领部下、亲族百余家，渡江北上。在船只航行到江中心时，祖逖一手举起船楫，一手拍击船楫高声发誓说："祖逖不能扫荡中原，有如大江！"他神色严肃，仪态壮烈，听者都为之感动和激奋。渡江之后，祖逖进军到淮河前线的军事重镇淮阴，驻屯下来，筹备自己的力量。

由于祖逖的行为是大势所趋，民心所向，所以没用多久，他就招募到了几千人马，经过训练后向豫州境内进发。

因为他的北伐顺应民心，再加上祖逖的军事指挥才能和战士们的作战勇猛，祖逖率领的北伐军很快就打败了匈奴将军石勒，收复了黄河以南的大片土地。与此同时，祖逖的胜利亦引起了司马睿的嫉妒，他怕祖逖功高盖主，到时威胁他的政权，于是他立刻派亲信戴渊为征西将军，专门对祖逖掣肘，使祖逖无法顺利进军。321年九月，忧愤成疾的祖逖病死军中。

祖逖没有威胁到司马睿的统治，但是另一个人却足以拖住司马睿的后腿。身为东晋朝开国功臣的王敦却私心暗长，逐渐威胁到了东晋的政权。

王敦本来就是一位有谋有略的武将，在控制长江上游的军事大权后，政治野心与日俱增。祖逖死后，王敦更是认为天下无人是敌手。322年在武昌以讨刘隗为名发动叛乱，其党羽沈充同时在吴兴起兵，予以配合。

司马睿急忙征调戴渊、刘隗入卫建康。王导率子侄20余人请罪。司马睿善用心计，对王氏宗族不但没有降罪，反而大加安抚、劝慰，并以王导为前锋大都督，加戴渊骠骑将军。他还让刘隗率军镇守金城，右将军周扎率军镇守石头城。晋元帝司马睿亲自挂帅，统军驻扎于建康城外，保卫京师。但王敦叛军一路势如破竹，很快兵临建康城下，逼得司马睿不得不首先请和，忍着怒气给叛军首领加官晋爵，没想到王敦却辞而不就。

此时的王敦已难以用加封晋爵这样的手段来安抚，他不但杀了大将周扎、戴渊，而且还拒不退兵。这下，司马睿可着急了，他连忙去求王导。在王导的劝解下，凶悍的王敦才退回到他的驻地武昌。从此，王敦就在武昌遥控着东晋朝政，为所欲为。司马睿眼睁睁地看着王敦飞扬跋扈，逼辱朝廷，却是无可奈何。

322 年，司马睿怀着满腔的愤恨死去。

【画入归图】卷 局部 ［明］佚名 中国台北故宫博物院藏 76－2

【画人归图】卷 局部 ［明］佚名 中国台北故宫博物院藏 76-2

隋文帝杨坚

杨坚(541 – 604)，隋朝开国皇帝。小名那罗延，弘农华阴(今陕西华阴东)人，世居武川(今内蒙古武川西)。东汉杨震的后代，其父杨忠因功被北周封为随国公。581年废杀北周静帝宇文阐而称帝，在位24年。谥号“文皇帝”，庙号“高祖”。终年64岁，死后葬于泰陵。

处心积虑　代周建隋

西魏大统七年(541)六月，杨坚出生在冯翊县的般若寺，传说中他出生的时候有祥云缭绕。出生后第二天，就有一尼姑声称杨坚不同凡响，因此不能按照普通的孩子来教养，于是尼姑就领养了杨坚。还有传说说杨坚长相酷似龙，前额有5根柱子直通头顶，手上也有像“文”字的纹理。尽管传说他天生具天子之相，但却不见其青少年时期过人的聪明，就连他本人也自称是“不晓书语”。

杨氏家族自汉朝以来，发展到魏晋、南北朝时期已成为当时的名门望族。在西魏时期，杨坚的父亲杨忠便和独孤信一起投靠了权臣宇文泰。此后，杨忠因为屡建功勋，尤其是为宇文觉建立北周政权立下了汗马功劳，所以，官爵升至柱国，封随国公(“随”后来改成了“隋”)。

隋文帝杨坚

因为父亲功劳卓著的原因，杨坚在14岁的时候就被封为车骑大将军，不过，文不出众的杨坚却很受当时执政者宇文泰的器重。第二年，北周取代了西魏，他又因父亲的战功而被封为骠骑大将军。同年，他又被周帝封为大兴郡公。19岁的时候，杨坚又被任为随州刺史。

566年，鲜卑贵族独孤信看到杨坚前途无量，便把14岁的小女儿嫁给了他，于是，杨坚跻身为皇亲，地位更加显赫。杨忠病死后，杨坚承袭了父亲随国公的爵号。577年，北周灭齐时，杨坚立下战功，被晋封为柱国，然后出任定州总管，不久又成了亳州总管。

随着地位的扶摇直上，难免会引起一些大臣们的嫉妒。北周初年，宇文护专权，多次想杀杨坚，但都因别人的阻拦没有得逞。到周武帝时，一些大臣认为杨坚有反相，建议武帝应尽早除去杨坚。然而，周武帝不仅没有重视这个建议，反而将杨坚的长女立为皇太子妃，使杨坚的地位得到进一步地巩固。

此时的杨坚位高权重，也有不臣之心，他积极利用已有的社会影响，广泛拉拢，以扩大自己的势力。578年，周武帝死，宣帝即位。杨坚作为皇后的父亲，又进一步升官，成为大后丞、右司武，旋升大前疑（相当于丞相），辅佐宣帝，宣帝外出时，一切日常政务全由他处理。

刚刚登基的周宣帝宇文赟虽然年少，但荒淫无度，政治败坏，导致朝野上下怨声四起、民不聊生。杨坚对此也十分不满，并预感到北周的统治即将结束，便有目的地开始做代周自立的准备工作。

当杨坚正在为代周自立而紧锣密鼓筹划的时候，周宣帝对他起了疑心。为了试探杨坚，周宣帝有时会无故召杨坚进宫，并暗告宫廷卫士："若见杨坚表情有不正常之处，可立即将他杀掉。"但杨坚每次进宫都能做到不露声色，使周宣帝看不到破绽，无法下手。

为了逃避周宣帝的猜疑，杨坚想暂时离开朝廷，到地方上执掌实权，自己的同学上大夫郑译很清楚杨坚的这种想法。因此，郑译在 580 年周宣帝决定南伐时，乘机推荐杨坚为扬州总管。

但大军未出，周宣帝就已病死，年仅 8 岁的周静帝即位。杨坚凭着皇帝外祖父的地位进行辅政，一切国事均由杨坚做主，静帝宇文阐只不过是个摆设而已。杨坚执掌朝政以后，迅速地进行了改组，起用了一批有政治远见的大臣，其目的就是进一步树立自己的威望，扩大自己的势力，为自己的称帝做准备。

581 年，杨坚在谋臣高颎、杨素等人的策划下，逼迫周静帝下了一道禅让的诏书，内容就是称赞杨坚有能力有功德，希望杨坚能够像古代舜尧一样，能够更好地治理国家。在取国名的时候，杨坚决定用自己起家的爵号为随王，把国号也定为"随"。但又因"随"字有"辶"，与走同义，似乎不太吉利，改为“隋”，改元开皇，定都长安，史称隋文帝。

改革制度　统一天下

隋朝建立后，隋文帝采取了一系列改革措施。首先，他在汉、魏官制的基础上创立了三省六部的中央机制。即设尚书、门下、中书三省，三省同为最高政务机构，他们相互牵制，由中书省取旨，门下省审议，尚书省执行，三省长官均为宰相，共议国政。

尚书省下又置吏部、礼部、兵部、都官（后改称刑部）、度支（后改称户部）、工部六部，每部又辖四司，共 24 司。六部分管选任官员、礼宾仪制、军政至需、司法刑狱、钱粮户籍和工程营建等各项具体行政事务。

三省六部制的实行，把大臣们的职责分得更为细密，这样就减少了大臣专权出现的可能，它是中央集权强化的体现，对唐以后的封建统治体制有重大影响，尤其是六部制，一直沿用至清末。

隋文帝还大力改革地方行政制度，把隋初的州、郡、县三级制改为州、县两级制。这样就淘汰了数万名冗官，节省了大量的开支，相应减轻了人民的负担。

同时他还特别重视吏治，奖励良吏，严惩奸吏。汝南太守公孙景茂任职期间廉明清正，注重生产，社会秩序井井有条，隋文帝于是将他提拔为道州刺史，并把他做为廉洁奉公的榜样，供百官借鉴。杨坚还采取给田养廉的办法，使官吏不搜刮民脂民膏，不变为贪官污吏。同时，杨坚采取严刑，重惩奸吏。他经常派人侦察全国大小官吏的执政情况，若发现罪状便加以严惩。有时他还秘密使人给官吏送去贿赂，一旦有官吏受贿，立即处以死刑。正因为杨坚如此挖空心思地治理官吏，所以他统治期间，社会秩序井然，良吏层出不穷。

隋文帝还首创了科举制。他首创了用考试选拔官吏的制度，吸引、争取真正的人才为朝廷效劳。在这之前，国家的官职一般都是世袭的，剩下的也都是王公大臣所举荐的人才，所以在隋朝以前，贫民寒士即使再有能力也是入仕无门。科举制的创立，打破了门阀世族把持政权的局面，为平民百姓开辟了入仕的途径。隋朝的科举分为秀才、明经、进士三科，此外，隋文帝对选官、府兵、礼乐等典章制度也进行了改革。

隋文帝在大刀阔斧地进行政治和文化改革的同时，对经济制度也进行了革新。他保留了前朝适于经济发展的部分制度，废除了其糟粕部分，特别是新的均田制的推行，对农业生产的发展起到了促进作用。与均田密切相关的是租赋的调整。隋文帝接受了苏威“轻徭薄赋”的建议，曾几次下诏减免徭役和租税。

面对货币市场的混乱局面，他下令改铸五铢钱，废除其他古币和私人铸币，只准五铢钱流通，同时，又统一了度量衡。这些措施的实施有利地推动了工商业的发展。

经过一系列的改革，刚建立的隋政权面貌一新，国势也大为加强。而此时与隋朝对峙的南陈政权早已日薄西山。这时的杨坚，已经有统一全国之心了，但还是有让他分心的事情，那就是突厥和南梁的残余后梁。杨坚认为应该先解决了突厥和后梁，才能正式伐陈。

588年，隋文帝发兵50万，向南陈大举进攻。第二年，便将腐朽没落的南陈后主陈叔宝及文武百官俘虏，灭掉了南陈，统一了全国，结束了自西晋末年以来中国近300年的分裂局面。

猜勋戮功　崇佛去学

杨坚代周建隋，在政治、经济等领域进行了一系列成功的改革，他北抚突厥，南灭陈朝，完成了全国的统一，可谓是一个很有作为的皇帝。但是，随着建功立业，他的另一面也逐渐显现出来。他猜疑、苛察、喜怒无常、迷信佛道、不学无术，甚至还废除学校。

杨坚代周自立，利用的是北周主弱臣强的现实，即位后他推己及人，生怕他人也走自己的路子，颠覆杨家天下。于是，许多功勋卓著的文武大臣因他的猜忌而惨遭杀戮。

梁睿本是北周旧臣，在征讨王谦时有大功，出任益州总管。因为他在益州颇得人心，杨坚便怀疑他有发展地方割据之意。梁睿也很有自知之明，在得知杨坚怀疑自己后，便主动辞去益州总管的职务，到长安去做京官，但杨坚还是找了个借口免了他的官。

王世积也是北周官僚，在平尉迟迥和灭陈时建有大功，晋位上柱国。他亲眼看到许多功臣被杀，从此便嗜酒如命，不参与任何政事。王世积的一个亲信皇甫孝谐犯罪，投奔王世积，王世积没有接受。皇甫孝谐被捕，判以发配，他为王世积的见死不救而反目，就告他谋反，杨坚虽无任何实据，但还是顺水推舟地处死了王世积。

虞庆则也是北周旧官，因在安抚突厥和灭齐中曾立大功，颇受杨坚赏识。有一次，虞庆则在行军途中指着一个地方说："若在这里有一个合适的人驻守，只要有足够的粮食，便难以攻破。"杨坚就以此为借口，说他有意谋反并处死了他。

高颎是掌实权协助杨坚治国的第一号人物，许多政治、经济改革的重大决策都出自高颎之手。开皇末年，杨坚有意易储，高颎并未领会杨坚的意图，依然反对废杨勇而立杨广。杨勇的女儿是高颎的儿媳妇，若杨勇继位，高颎当然就成为地位显赫的皇亲国戚了。杨坚是以外戚身份谋取帝位的，故对此非常敏感，他固执地认为高颎反对易储一定是有个人目的的，所以当有人说高颎有谋反迹象时，杨坚没做任何核实，就信以为真。由于他不愿落个杀戮功臣的名声，才没有杀死高颎，而是剥夺了他的全部官职，贬其为平民。

杨坚经常派人四处查访，只要发现稍有过失的人，都要加以严惩。刑部侍郎因迷信穿红裤子有利于升官，上朝时便穿上红裤子。杨坚发现后却理解成另一个意思，他认为穿红裤子是避邪，上朝时穿就是要回避他这个皇帝了，因此马上下令推出去杀头。大理寺丞赵绰提出异议，认为根据法律不该杀头。杨坚说："你可惜他的生命，难道就不可惜你自己的生命吗？"吓得赵绰再不敢吭声。

又有一次，上朝时有个武官的衣服与佩剑穿戴得不整齐，杨坚认为这是对朝廷的不尊敬。这次，他没有直接向武官问罪，而是拿专管弹劾大臣的御史开刀，以他们犯了失职之罪而处死。谏议大夫毛思祖出来劝阻，也被当场杀掉。

杨坚非常崇信佛道、符瑞、阴阳五行及各种鬼怪等迷信的东西。本来在周武帝灭佛之后，佛教在北方已经衰微，结果因为杨坚的崇信和推行，佛教又在北方地区兴盛繁荣起来。他下令原来的和尚、道士重操旧业，鼓励天下百姓出家做和尚、道士，还在全国范围内按人口征钱，在各地营建佛寺，修塑佛像，缮写佛经。

杨坚虽然笃信佛教，但却不是一个忠实的佛教信徒，他对当时民间流行的各种迷信都深信不疑。有一次杨坚的妻子独孤氏和杨素的妻子郑氏都得了病，太医不知道得的是什么病，又害怕杨坚杀他，于是撒谎说是有人故意利用猫妖作怪，杨坚深信不疑，对此专门下了诏书：凡有意饲养并利用猫妖等怪物而害人者，一律流放边境。

杨坚自己“不晓书语”，所以对天下读书人都有些忌妒，因而看不起他们。他还认为文化无用，便认为不需要建立学校。601 年，杨坚下令全国只保留供王公贵族子弟读书的国子监，废除天下郡县的所有学校。

废立太子　自食其果

隋文帝共有 5 个儿子，全都是皇后独孤氏所生。长子杨勇为皇太子，其余四子都封了王：杨广为晋王、杨俊为秦王、杨秀为越王、杨谅为汉王。文帝非常满足，曾公然说道：“我的五个儿子都是皇后所生，所以必定会和睦相处，不会发生废嫡立幼的事情。”隋文帝这样得意地宣布时，宫中对于继承皇位的斗争早已在进行了，只是他没有察觉到而已。

长子杨勇，生性率直，为人宽厚，小时候很受父母喜欢。文帝称帝前后，内领禁卫，外统封地，后来被立为太子，参决军政大事，很获文帝的宠信。但长大后，杨勇却慢慢奢侈起来，这犯了父亲的忌讳。从此杨坚对太子猜忌渐加，宠爱大不如以前。

杨勇不仅生活奢侈、性喜浮华，而且内宠很多，这就触怒了母亲。因为独孤皇后不仅不愿文帝宠嫔妃，而且也非常讨厌群臣及诸子宠姬妾。所以面对杨勇宠妾疏妻的情况，独孤后极为气愤。每当杨勇入宫见独孤后，独孤后从没有好脸色。本来杨坚对于太子十分信任，常让他参决政事，杨勇提出的意见，杨坚总是乐于采纳，现在因为独孤后不断地吹枕边风，杨坚对太子也有了意见。

恰巧杨勇并不宠爱的元妃患病死了，独孤后便以为是太子有意谋害嫡妃，心里越发不平，便有了废去太子杨勇的打算。她派宦官伺察太子的短处，等他有了重大过失，便将他废去。

晋王杨广生性狡诈诡谲，善于矫饰逢迎。他早有夺嫡的心思，于是处处沽名钓誉，并揣摩独孤后的情性，一味迎合。杨广与正妃萧氏如胶似漆，后宫虽有美人无数，但为取悦于独孤后，杨广不惜将其他姬妾所生的骨肉命人掐死，只将正妃萧氏所生之子禀告父母，所以给母后独孤氏留下了很好的印象。有一天，杨坚与独孤后同临晋王的府第，杨广事先早已知道，于是就将后宫美姬都藏起来，只留下几个又老又丑的宫女充当侍役，身上所穿也全是粗布衣服。就连杨广与萧妃，也穿得很破旧。一切陈设都因陋就简，架上的诸般乐器都尘堆垢积，望上去便知道已是久未动用了。这其实都是临时造的假相，因为杨广深知父母喜欢节俭，最恨奢华。事实恰如杨广所料，父母见此，对他很满意，从此更是另眼看待。随后杨广与越国公杨素勾结，揭发杨勇的过失，竟使杨坚怀疑太子有夺皇位的意图。

杨 素

600 年，杨坚废杨勇为庶人，改立杨广为太子。

604 年七月，杨坚病重，卧于长安仁寿宫大宝殿内。杨广认为登上皇位的时机已到，便迫不及待地写信给杨素，请教怎样处理将要到来的文帝后事。不料，送信人误将杨素的回信送给了文帝，文帝读后大怒。此时，文帝宠妃宣华夫人又衣衫不整地跑进来，哭诉杨广乘她换衣时无耻地调戏她，使文帝更认识到受了杨广的蒙骗，拍着床大骂："这个畜生如此无礼，怎能担当治国的大任，皇后误了朕的大事。"急忙命在旁的大臣柳述、元岩草拟诏书，废黜杨广，重立杨勇为太子。杨广宫中的耳目早已告知了杨广，他急忙赶走了侍奉杨坚的内侍，与大臣杨素、张衡、宇文述等人乘机发动宫廷政变，带兵包围仁寿宫，赶散宫人，逮捕了柳述、元岩等人。张衡怀藏利刃，径入文帝驾前，一刀结果了文帝杨坚。杨坚享年 64 岁，谥号"文皇帝"，庙号为"高祖"。

唐太宗李世民

李世民(599 – 649)，李渊次子。626 年杀太子李建成后，逼高祖禅位。在位 23 年，是一位很有作为的皇帝，为大唐的繁荣和昌盛打下了坚实的基础。649 年，因服食丹药中毒暴死，时年 52 岁。谥号“文武大圣大广孝皇帝”，庙号“太宗”。

建功立业　玄武之变

李世民是唐高祖李渊的次子，599 年一月出生于武功（今属陕西）。据说，有一次，李渊在陕西凤翔见到一位会相面的书生，这位书生见到李世民后，大加赞赏说：“这个孩子有龙凤之姿，天日之表，到 20 岁的时候，一定可以济世安民。”这便是李渊给他起名为“世民”的由来。

李世民生长在贵族家庭，母亲是神武公窦毅的女儿，是一位出色的才女；他的父亲李渊是隋王朝的要员，是隋文帝独孤皇后的侄儿。作为将门皇亲之后，李世民自幼便受到了良好的家庭教育，他不仅武艺娴熟，而且很有攻伐谋略，喜爱读书，少时就能用孙子之言与父亲讲述用兵布阵的方法，深得父亲喜欢。而且李世民为人豪爽很有见识。人们称赞他“临机果断，不拘小节”。

616年，李世民随父亲来到山西太原，参加镇压甄翟儿领导的农民军，使自己的军事才能得到初步锻炼。617年，李渊出任太原留守，李世民随父赴任。

此时的大隋王朝在接二连三的打击下早已危在旦夕，穷途末路的隋炀帝惶惶不可终日，对大臣们无端猜忌，动不动就将大臣或处死贬抑。受到隋炀帝的猜忌，早就有不臣之心的李渊想造反，但也颇犹豫。这时李世民仗义疏财，私下结交义士、侠客，赢得了不少有识之士的归附和效劳。当时的晋阳县令刘文静和晋阳宫副监裴寂都是李世民的莫逆之交，他们与李世民一道多方劝说李渊尽快起事，李渊终于下定决心。617年农历五月，李世民协助父亲李渊除掉了隋炀帝派来监视他们的亲信，起兵晋阳，公开反隋。

晋阳起兵以后，李渊建立了左、中、右三军，李世民被任命为敦煌公、右领军大都督，统帅右军。然而，李渊出师不久就遇到了隋将宋老生的抵抗。由于遇上连绵的大雨，道路泥泞，粮草迟迟供给不上，突厥援军也久久不到，李渊便想退回晋阳再作打算。李世民劝住了父亲，使李渊坚定了信心。在攻打宋老生的激战中，李世民血染战袍，身先士卒，带领士兵击溃了宋老生。

唐太宗李世民

此后，李渊又率军东进，又遇到隋将屈突通的顽强抵抗，李渊部队内部意见不一，李世民力排众议，建议主力绕过屈突通，迅速向长安进军。李渊再次听从了李世民的这一大胆建议，还命令李世民沿途收编各路归附李氏的地主武装，李世民的军队发展迅速，很快发展到 10 万余人。攻克长安后，李渊立隋炀帝的孙子杨侑为傀儡皇帝，半年后又正式即位，国号为唐，李世民被任命为尚书令，改封秦王。从此以后，李世民就以秦王的身份活动于政治舞台，叱咤于陇西、关东。

唐王朝建立后，政权还不十分稳固。但是，李渊称帝后不便再亲自挂帅出征，皇太子建成也需要留在京城协助父皇处理各项政务。因此，指挥和领导统一战争的重任就自然地落在了秦王李世民的身上，开始了他艰苦卓绝的统一战争生涯。

秦王李世民的第一个对手是盘踞在金城（今甘肃兰州）的薛举。当时，薛举拥兵 30 万，地理位置得天独厚。如果不除去此患，李渊就不敢东出潼关，进兵关东。618 年十一月，李世民亲自率领大军讨伐薛举。经过两次激烈的交锋，终于荡平了这一割据政权。

对李渊统治的核心地区仍存在威胁的是刘武周、王世充、窦建德等强大的军阀势力和农民军势力。北方突厥汗国更加强大，在唐的北部扶植了占据朔方（今陕西横山）的梁师都和占据马邑的（今山西朔县）刘武周两个傀儡。刘武周南下攻唐，一时间声势浩大。李渊想放弃河东，退守关中，李世民予以坚决反对，并主动请缨出击。最终大败刘武周，李唐王朝转危为安。

此后，李世民又转战中原，620年七月，大军逼近洛阳。窦建德出于自保，亲率10万大军增援困守洛阳的王世充。

李世民面对王、窦联军的强大势力，经过深思熟虑，决定采用部将提出的围洛打援的战术。他留齐王元吉及辅将等一部分人马继续围困东都，李世民则亲自率领精锐骑兵数千，急奔虎牢关，抢在窦建德之前，阻挡住大军的西进。如果能阻止西进大军，那么洛阳则极易攻陷。

八月，李世民的军队与窦部在虎牢关的汜水展开大决战。李世民仍然采用按兵不动的战术，让窦建德的军队鼓噐而进，直到中午士卒疲饥，斗志尽失的时候，李世民令自己的精锐骑兵向敌军猛然出击，同时唐军的主力，也东渡汜水，冲入敌阵，李世民以有备攻无备，这一战把窦部打得落花流水，并且生擒了窦建德。

窦建德的溃败对王世充形成了致命的打击，王世充内部多数将领主张投降，本想突围南逃的王世充也只好出城向唐军投降。

李世民击败窦建德后，由于惩处严厉，激起了起义军的不满和抵抗，于是，其余部拥立刘黑闼起兵反唐。刘黑闼的义军几乎恢复了窦建德以前的所有故地，李世民为了稳固李氏家族的新兴政权，再一次挑起了出兵征讨的重任。他与弟弟李元吉一道，出兵东讨。李世民仍然采用安营扎寨、坚守不出的战术，另派精兵切断敌方粮道，直到对方粮尽之时才与之作殊死决战，结果大败刘黑闼。

从618年征讨薛举到623年平定刘黑闼，历时5年有余，李唐王朝终于最后统一了中国。李世民在统一战争中，作为主帅，其战略战术运用得心应手，充分表现了杰出的军事胆略和军事才能，为李唐政权的进一步巩固做出了极大贡献。

李世民在统一全国的战争中功绩卓著，他的威望和地位也日益提高，他不但掌握了朝廷的主要军队，而且结交和广罗大量人才。武将有尉迟敬德、秦叔宝、徐世勣、李靖等，文人有房玄龄、杜如晦等十八学士，逐渐组成了一个以他为核心的强大政治军事集团。

太子李建成对此时位高权重的李世民非常妒忌，十分担心李世民会跟他争夺皇太子的位置。于是，他利用高祖中意他，高祖宠妃张婕妤和尹德妃也与他关系密切的优势，多次想除掉李世民。有一次，他利用请李世民到府中饮酒的机会，在酒中下了毒。李世民饮后，忽觉腹疼，急忙回府，尽力呕吐，才免于一死。

房玄龄

此后，李建成联合四弟齐王李元吉，加紧了除掉李世民的步伐。626年五月，突厥进犯中原，李建成趁机上奏高祖，请求派李元吉担任主帅迎敌，高祖应允。李元吉随即提出要尉迟敬德、秦叔宝、程咬金三员猛将归他指挥，并要求调秦王府精兵充实自己的部队，企图借此削弱李世民的兵权，然后再杀掉李世民。

李世民得知消息后，马上与长孙无忌、尉迟敬德等商量对策。两人劝李世民先发制人，不能等死，促使李世民坚定了先下手的决心。

626 年六月初四，李世民在尉迟敬德、侯君集和长孙无忌等人的协助下，在玄武门设下伏兵，趁太子李建成和齐王李元吉上朝不备之机，发动政变。政变时，李世民及部将杀死了李建成和李元吉，最后又杀光了他们所有的儿子。这就是历史上有名的“玄武门事变”。两个月以后，李渊被迫退位。武德九年八月，李世民即位，史称唐太宗，时年 29 岁。次年正月，改元贞观。

任贤纳谏　贞观之治

李世民经历了隋朝由盛世、动乱到灭亡的全过程，所以隋朝的灭亡给他留下了极深刻的印象。

面对贞观初年百废待兴的局面，李世民经过深思熟虑，决定选贤任能，广揽人才，共同为国家的大治谋划方略。

首先，知人善用，广任贤良。为了更大程度地选拔人才，他设立了“弘文馆”。

太宗选拔人材遵循唯才是举、任人唯贤的原则。凡是有才之士，不计较资历地位和亲疏恩怨，只要有一技之长就会被任用。

在任用人才方面，李世民有一句名言，叫做“内举不避亲，外举不避仇”。他最倚重的猛将尉迟敬德，原来就是他的敌人刘武周手下的大将。刘武周被李世民打败后，尉迟敬德与隋将寻相一起降唐。不久，寻相叛唐，李世民的部将怕斩草不除根再次发生意外就把尉迟敬德抓起来，李世民却下令将他释放，还请他到自己府上，促膝长谈，告诉他：“大丈夫意气相投，就应竭尽忠心，我决不会听信谗言，随便怀疑好人的。”尉迟敬德辞别时，李世民还送给他不少礼物，替手下向他道歉。尉迟敬德十分感动。此后，尉迟敬德便一心一意辅佐太宗了。

魏徵原来也是李建成的谋士，曾劝李建成杀掉李世民。玄武门之变后，有人向李世民揭发了这件事。李世民就派人将魏徵找来，向他兴师问罪。魏徵却坦率地说：“那时候我是太子的谋士，当然要为他出谋划策。但可惜太子没有听我的话，否则，你也不可能做上皇帝。”旁边的人见魏徵说出这样大不敬的话，都认为他必死无疑了，但出乎众人的意料，唐太宗认为魏徵很有胆识，不但不加罪，还任命他为谏议大夫，专门负责向朝廷提意见。

为了扩大选拔人才的渠道，唐太宗还沿用并且发展了隋朝的科举制度，通过科举考试来选拔人才。

唐太宗任人唯贤，不拘一格地选拔人才，所以在他统治时期，朝廷人才济济，群英荟萃。

其次，李世民能明辨是非，虚怀纳谏。面对群臣的不同意见，他都能辨别是非，存留正确的建议。他曾询问魏徵“君主怎样才算明智？怎样才算昏庸？”魏徵回答说：“兼听则明，偏信则暗。”李世民十分赞同。

630年，李世民下令修复洛阳宫，以备他游玩所需。大臣张玄素劝谏说：“如今战争刚刚结束，社会还未恢复元气，陛下就急于大兴土木，如不停止修复工程，一定会激起民愤，您忘记隋炀帝的下场了吗？”李世民听了这些激烈的话，不但没有动怒，而且经过一番思考，接受了这一建议，下令停止了洛阳宫的修复工程，还对张玄素给予了奖励。

正因为唐太宗如此开明，所以贞观年间出现了一大批直言敢谏的名臣，贞观前期著名的有魏徵、王珪、杜如晦、房玄龄等，后期著名的有马周、刘洎、褚遂良等。这些人对当时的政治形势起了良好的作用和重要的影响。其中当仁不让的首推魏徵。

李世民即位后，将魏徵封为谏议大夫。谏议大夫的职责是专门向皇帝提意见，唐太宗任命魏徵为谏议大夫，表现了唐太宗对他才能的认可和对他本人的信任与尊重，后来又把他提升为尚书丞，这样魏徵就可以随侍太宗左右便可以时时规劝了。魏徵就是在这种相对宽松自由的环境里做谏官的，他劝谏的内容十分广泛，大到长久的治国安邦之策，小到皇帝的宫帏秘事等等。

637 年，唐太宗出巡洛阳时，在显仁宫停留，因宫苑官员安排照顾不周，唐太宗便大加责罚。魏徵批评唐太宗说：“隋炀帝就是因奢侈无度亡国的。现在因为供应不好就发脾气，如此下去，隋朝的悲剧又该重演了。”唐太宗只好作罢，不再追究宫苑官员的责任。

唐太宗虽然是一位明君，但他也有着常人的情感和喜好，有时喜欢听顺耳谀辞，不喜欢听逆耳忠言。但他还是能克制住自己的感情，保持较为清醒的头脑，所以，他对魏徵既尊重，又尊敬。一次，唐太宗趁魏徵回乡扫墓的机会，准备去山南一带“旅游”一趟。一切准备妥当了，却又怕魏徵回来后责怪，最后还是没有去。还有一次，太宗得到一只鹞子，非常喜欢，正拿在手里抚玩。正巧魏徵来见，太宗忙将那小宠物藏进衣服里。还自以为魏徵没有看见，其实魏徵早已将太宗的举动尽收眼底，因此故意拖延时间。待魏徵告辞，鹞子已经闷死了。

魏徵也很重视唐太宗个人的品德修养。他曾引用荀子的话劝谏唐太宗说：“君主好像舟，人民好像水，水能托舟，亦能覆舟。”这句话对唐太宗震动很大，他牢记在心，还用此话来训诫太子。

魏 徵

在选贤任能，纳谏从流的同时，李世民还进行了法制的改革和建设，采取了慎刑宽法和严格加强法制的措施。为实现大治天下的治国方针提供了法律上的保障，创造了良好安定的社会环境。

李世民将赏功罚过作为法制改革的标准，任命房玄龄、长孙无忌在参考《武德律》的基础上制定了封建社会最完备的法典《贞观律》。同时，李世民又亲自选拔了一批正直无私、断狱公平的人担任法官，并亲自检查法官对案件的处理情况，这样就做到了执法必严、违法必究。同时，唐太宗还规定对死刑要三次上报中央，被批准后方可执行。

制订法律以后，李世民以身作则，执法如山，对自己的亲属和部属的要求也非常严格，如有触犯刑法者，严格依法处理，从不徇私枉法。这就使得法律得以顺利地贯彻，在中央和地方政府中起了积极的影响和作用，这样贞观年间的社会风气十分安定。

唐太宗提倡戒奢崇简，并以身作则。他继位后，住的宫殿还是隋朝建造的，大部分都已破旧。一般新王朝的君主都要大兴土木，另建新的宫殿，但唐太宗为了节省开支，在贞观初年一直不允许修建。唐太宗还严厉禁止厚葬，并要求五品以上的官员和勋亲贵族都要遵照执行。这种节俭风气的盛行，不仅减轻了老百姓的负担，而且对经济的恢复和发展也起了促进作用。

唐太宗还积极地推行轻徭薄赋，与民休养生息的政策。为了增强抵抗自然灾害的能力，唐太宗还大力倡导兴修水利。贞观初期，关中、河南等地原有的渠道都相继修复，并新修了大量的排水和引水工程。这些水利工程的修建，对防旱排涝、尽快地恢复和发展农业生产起了重要的作用。

这一系列有利于农业发展的积极措施的实行，社会经济很快得到了恢复。从贞观三年开始，全国连续大丰收，粮价由原来一匹绢换一斗粮食，下跌到一匹绢换数十斗粮食。社会秩序迅速安定，人民开始过上了安居乐业的生活。到贞观中期的时候，唐朝发展到了鼎盛阶段，出现了牛马遍野，丰衣足食，夜不闭户，道不拾遗的太平景象，这段时期在历史上被称为“贞观之治”。

文治武功　一代明君

随着国内政治经济形势迅速得到好转，国力逐渐增强，唐太宗为了建立强盛的多民族的大唐帝国，开始了统一边疆地区的战争。

东突厥当时对唐朝的威胁最大，唐太宗于是决定最先收服它。在与东突厥初期的战争中，唐朝军队的势力还很弱小，甚至曾遭遇东突厥首领颉利可汗亲率20万骑兵兵临长安城下，唐太宗设下空城计，凭借着自己的机智和勇敢，没折一兵一卒，便击退了突厥大军。

随着唐朝国力的增强，唐朝军队渐渐地在与东突厥的战争中占了优势。唐太宗采取远交近攻的方针，扶持颉利可汗的反对势力，牵制颉利，并积极训练备战，与曾经臣服于东突厥的薛延陀部落建立联盟，造成了南北夹击东突厥的有利形势。同时，唐太宗又设下离间计，使得与颉利可汗有矛盾的突利可汗归唐，为唐太宗提供了里应外合的有利战机。629年，唐将李靖夜袭阴山，俘虏颉利可汗，灭掉东突厥。此后唐朝声威大振，各少数民族纷纷归附，从而统一了北方边境。

唐太宗李世民

之后，唐太宗又相继派兵收复了吐谷浑、高昌、焉耆、龟兹等地区，并在龟兹设立了安西都护府，重新恢复了对西域地区的统治。唐朝的西部和北部边境重新得到了巩固和扩大，也扫除了通往丝绸之路的障碍，加强了中原地区与西域和中亚地区的经济文化交流。

为了使汉族和少数民族更加统一和团结，唐太宗还采取了和亲政策。影响最为深远的当推唐朝与吐蕃的和亲。吐蕃是现在藏族人的祖先，居住在西藏高原。其首领松赞干布是和唐太宗同时代的杰出人物，同时也是吐蕃奴隶制王朝的创始者。松赞干布仰慕唐太宗的英名和大唐先进的经济文化，于贞观十四年（640）遣使求婚。唐太宗将宗室女文成公主嫁给松赞干布。文成公主进入吐蕃后，汉族人民的农耕、纺织、建筑、造纸、制笔、酿酒、冶金以及农具制造等技术先后在吐蕃传播开来，对吐蕃政治、经济、文化的发展起了极大的促进作用，同时也加强了吐蕃与唐朝的联系。

此外，唐朝和世界其他国家的政治、经济和文化交往也越来越频繁，与亚洲、非洲等地区的很多国家都有密切往来。他们互同友好，相互访问，当时的长安是世界上最大的城市之一。唐太宗对中外交往采取了积极友好的态度，专门设立鸿胪寺接待各国使者，设立商馆以招待外商，那时和唐朝交往的国家达到 70 多个。外国商人进入中国后，唐政府不仅允许他们长期居住，还可以和中国人通婚。这一时期通过波斯（今伊朗）和印度传入中国的植物很多，如胡椒、菠菜、郁金香、天竺干姜等。玄奘到天竺带回了大量的佛教经典，并将其译成汉文，玄奘取经的故事后来还成为《西游记》的素材来源。其他宗教如景教、伊斯兰教、摩尼教等也在此时传入中国。

同样，中国的丝绸、茶叶、瓷器、纸张等也在此时传入西方，中国四大发明之一的造纸术，就是在贞观时期传到阿拉伯和印度，又通过阿拉伯再传到欧洲和非洲的，对西方文化事业的发展产生了巨大的推动作用。唐朝高度发达的封建文化也深深地影响了当时的世界。影响最大的首推日本。645 年，日本废除氏族制度的“大化改新”，就吸收了均田制、租庸调制、官制、府兵制以及刑律等等，建立起了完备的国家机构和制度，大大促进了日本的封建化的进程。

大唐王朝高度繁荣，不仅对中国影响深远，而且对世界也有很大影响，直到现在，很多国家华人聚居的地方还被称为“唐人街”。

唐代的兴盛和繁荣与唐太宗的励精图治是分不开的。唐太宗不仅是一位杰出的军事家和政治家，而且还是一位多才多艺的君主。他精于弓马，擅长诗书，是一位文武全才的皇帝。

唐太宗到了晚年，由于疾病缠身，久治不愈，就迷恋上了方士炼制的金石丹药。贞观二十三年(649)五月，唐太宗因金石丹药服用过多，中毒暴亡，享年52岁。

武周圣神皇帝武则天

武则天(624 – 705)，大周王朝的建立者，高宗李治的皇后。自名武曌，并州文水(今山西文水)人。其父武士彟在贞观年间官拜工部尚书；其母杨氏，为隋朝宗室宰相杨达之女。690年，正式称帝，自号“圣神皇帝”，改国号为周。虽然在位仅15年。实际掌皇帝权达21年。是中国历史上唯一的女皇帝。谥号“大圣则天皇后”。

两度入宫　一朝为后

武则天是唐朝前期著名的政治家、女皇帝。幼名媚娘，入宫后，太宗赐名武媚。天授元年(690)称帝时，自名“曌”。后世称她武则天，是因为她曾经被尊为则天大圣皇帝和则天顺圣皇后的缘故。

武则天原籍并州文水(今山西文水)，其父武士彟(577 – 635)为当地富有的木材商人。隋炀帝时，武士彟谋得鹰扬府队正之职，成为一名下级军官。当时，农民起义在各地蓬勃发展。大业十二年(616)，隋炀帝逃往江都(今江苏扬州)时，任命出身关陇贵族的李渊为太原留守和“抚慰”山西、河东的大使，又安插郡丞王威等为副将，以监视李渊。武士彟鉴于李渊正集结各方势力反隋，于是，一面暗通王威，一面公开投靠李渊。当李渊来到文水时，武士彟便盛情接待，并向他进献兵书和符瑞，劝他起兵，因而为李渊所信任，授予行军司铠之职。

武则天

唐朝建立后，武士彟以功授光禄大夫、工部尚书，进位应国公。

620年，武士彟的原配夫人病逝，唐高祖便做媒为他续弦，迎娶了隋朝宗室宰相杨达之女。此时杨氏已年逾40，但先后为他生了三个女儿，武则天是她的次女。武则天在这种环境的熏陶下，从小精通文史，聪敏机智，性格倔强，善于应变，胆略过人。

637年，由于长孙皇后去世，太宗进行了一次全国性的选美活动，年仅14岁的武则天因貌美色丽，被召入宫。临行时，母亲杨氏怕其一进深宫便再难相见，十分伤心，她却安静如常，对母亲说："见天子焉知非福，何儿女悲乎？"

入宫后，武则天被太宗赐名为武媚，封为才人。不久，武媚便进入为宫女开办的学校——内文学馆，学习儒学、书法和朝廷奏折格式、律令以及宫中典礼仪式等。这极大地丰富了她的知识，锻炼了她的行政才干，并为她日后掌权当政奠定了坚实的基础。同时，武媚还常常锻炼身体，骑马、打马球和荡秋千，她样样参加。有一次，她侍奉唐太宗观看驯马，宦官们正在调教一匹从西域进贡来的烈马狮子骢，这匹马性情暴烈，宦官们很长时间也驯服不了它。唐太宗便问随身的宫女们："你们有什么办法，可以制服这匹烈马？"由于问得很突然，没有一个人敢回答。这时，原本就鹤立鸡群的武则天因要缓解紧张气氛，竟兴奋地回答道："我以为要制服这匹马，必须具备三种东西：铁鞭、铁锤和匕首。先拿铁鞭打它，若不服从，再用铁锤猛击它的头，如仍不服从，就只好拿匕首割断它的咽喉！"

唐太宗本是从马上取得天下的，什么人没见过？但还是被如此貌美却又如此狠毒的女人刺激了一下，从此对她宠爱日衰。再加上又有传言"唐三世之后，有女主武氏取代帝王"，因而太宗对武媚心生防备，再未加封。

太宗在位时，武则天十几年的宫廷生活并不快乐，因此，她就把希望寄托在了太子李治身上。

高宗当太子时，经常到父皇宫中问安，因受到武才人的殷勤接待，见她美貌动人，就对她一见倾心。聪明的武则天也看出了李治的潜力，所以就对他颇为热心。一天，周围无人，武则天捧金盆水跪进，李治将手伸进水盆里，却把水洒在武则天身上，挑逗说："乍忆翠山梦里魂，阳台路隔岂无闻。"武则天是何等聪慧，随即莞尔一笑道："未漾锦帐风云会，先沐金盆雨露恩。"

李治大悦，随即两人便有了云雨之欢。但当时太宗还健在，他们二人是偷偷摸摸不敢造次的。

太宗逝世后，凡未生育的妃嫔均要出家为尼，武才人亦不例外，到了长安感业寺落发为尼。一年后，太宗周年忌日，李治来感业寺进香，再次见到了武则天，他们旧情复燃，这使武则天的人生发生了大逆转。第二年，唐高宗便将武则天召回宫，封为昭仪。

取得新生后的武则天处处以低姿态做人，她要把她失去的青春和美好的生活重新夺回来。当时的后宫，李治的王皇后正与受宠的萧淑妃斗得不可开交，为了打击萧淑妃，王皇后积极主张接武则天进宫。刚回宫时，武则天也知恩图报，对王皇后毕恭毕敬。然而王皇后低估了武则天的能力，武则天的回宫让她与萧淑妃一起失宠了！ 更让王皇后意想不到的是，武则天的第一个目标竟是要将自己取而代之。

尽管武则天占尽了床帷之宠，但要想拆散高宗与皇后10多年结发夫妻的恩情和朝中一干卫后集团的大臣却并非易事。但是，一般人想不到或做不成的事情，武则天不仅想到，而且做到了。

654年初，武则天生下一位公主，很讨人喜欢。王皇后由于自己没有子女，也常来逗弄孩子玩。一天，王皇后又来逗孩子，知道高宗要来就先走了。武则天忽然灵机一动，认为除掉皇后的日子到了，于是就残忍地将亲生女儿掐死，之后佯装没事一般。待高宗来看女儿时，发现孩子已经暴死，十分震惊。武则天忍不住失声痛哭，并询问下人，大家都说“只有皇后来过”。高宗大怒，毫不犹豫地断言："皇后杀死了我的女儿！"自此，高宗下了废王皇后的决心。

高宗虽然下了废后的决心，但却遭到了长孙无忌、褚遂良等许多有功大臣的极力反对。武则天充分利用高宗的宠爱，运用权谋，经过斗争，终于使高宗在 654 年的冬天废黜了王皇后，改立自己为皇后，并参与朝政。

处心积虑　终登帝位

武则天当上皇后以后，面对曾经阻挡她晋升皇后之位的政敌，她又贬又杀，很快在她周围便形成了自己的亲信集团。

开国功臣长孙无忌集团是武则天首先要清除的对象。武则天利用高宗生病，协助管理朝政的诸多机会，灵活运用大权，巧施计谋，先将褚遂良贬出京城，后又编造朋党案，逼长孙无忌自杀。受此案牵连的朝中大臣不下几十人。与此同时，李义府、许敬宗等武则天的亲信被补充到这些重要的职位上，并成为武则天集团的骨干力量。

随着武则天大权的不断稳固，高宗成了徒有虚名的皇帝。李治见自己的话渐渐没有人听了，这些人反而对皇后的话言听计从，因此十分气恼，就和宰相上官仪密谋废后，并命上官仪草拟诏书。然而，武则天很快就通过安置在皇帝身边的亲信得到了这一消息，并立即赶到皇帝居住的宫殿，责问李治。天生懦弱的李治见武则天这么快就知道了消息，只好结结巴巴地回答：“我本来没有废黜皇后的意思，是上官仪让我这样做的。”武则天立即下令将上官仪及其儿子上官庭芝下狱处死，家属籍没，襁褓中的上官婉儿（上官庭芝的女儿）也随母亲一起贬入宫中为婢。长大后的上官婉儿继承了父辈们的聪明才智，成为武周政治舞台上的心腹笔杆。

当上官仪被杀后，朝廷中再没有人敢与武则天作对了。从此，她的政治权力迅速膨胀起来。

早在显庆五年(660)，高宗就因病让武后代理裁决百司奏事。上官仪伏诛后，武则天于幕后协助高宗理政，已形成“天下大权悉归中宫，天子拱手而已的局面”，因此他们二人又被称为“二圣”。

武则天为了实现自己雄心勃勃的政治抱负，坚持不懈地使用各种手段扩大自己的专制政权。通过不断培植和更新官僚队伍，她为自己日后的成功打下了坚实的基础。她相信，唐高宗一死，便是她这女皇的天下了。然而立在她面前的儿子们，却无情地成了她登上帝位的最大障碍。

武则天的4个儿子若都是无能之辈倒也好了，大不了废了，可偏偏长子李弘、次子李贤都很贤能，因此他们二人最先被杀。因为长子李弘在被确立为太子后逐渐有了自己的见解，结果被武则天用药酒毒死。李弘死后，接着是二子李贤，又被武则天以好声色为借口，废为庶民，不久又派人将其杀死。

中宗即位后，武则天以皇太后的身份临朝称制。由于武则天不满李显重用韦皇后的父亲，所以不到两个月就将李显废为庐陵王，改立四子李旦为帝。同时规定不许李旦干预朝政，因此皇帝就是个傀儡，在宫中被软禁了 6 年。

高宗病逝的第二年，一些遭到贬抑而不满的官吏终于发难了。柳州司马徐敬业等人在扬州起兵，讨伐武则天。武则天立即派出 30 万大军予以平叛，结果仅 40 多天就将叛军 10 多万人击溃，徐敬业也被部将杀害。在平叛过程中，宰相裴炎、大将程务挺消极对待，想趁机威胁武则天还政于睿宗李旦，结果被武则天统统斩首。

能够迅速平定扬州叛乱，这不仅表明武则天有强硬的政治手腕，也表明了她此时羽翼已完全丰满。叛乱平定不久，武则天就召集群臣对他们说："你们中间有比裴炎更顽固不化的先朝老臣吗？有比徐敬业更善于纠集亡命之徒的将门之后吗？有比程务挺更能攻善战、手握重兵的大将吗？他们三人反对我，我能杀他们，你们中间还有比他们更厉害的吗？"满朝文武大臣谁都不敢出声。

这次军事上的胜利，更加重了武则天登上皇位的资本，于是，她又进一步为自己登基大造秉承天意的神秘气氛。垂拱四年 (688)，武则天的侄子武承嗣派雍州人康同泰献给武则天一块白石头，上刻有"圣母临人，永

【画入归图】卷 局部 ［明］佚名　中国台北故宫博物院藏　　76－3

【画人归图】卷 局部 [明] 佚名 中国台北故宫博物院藏 3-67

昌帝业”的字样，诡称得自洛水。永昌元年(689)元旦，由武则天的男宠薛怀义(即冯小宝)督建的万象神宫(即明堂)告成，武则天在这里举行了盛大的祭典活动，并堂而皇之地“服兖冕，搢大圭，执镇圭为初献”，皇帝和皇太子跟在后面为亚献、终献。载初元年(690)的重阳节，67岁的武则天终于实现了她奋斗一生的目标——登基即位，自号“圣神皇帝”，以十一月为岁首，改旗易帜，改元天授，建立了大周王朝。睿宗李旦降为皇嗣，皇太子李成器也降为皇太孙。

任用酷吏　打击异己

武则天虽然做了皇帝，虽然在政治经济方面也颇有政绩，但她即位后同样出现了一些社会动荡，因为根深蒂固的封建王朝又怎能接受一个女人来当皇帝呢？所以反对她的人此起彼伏。武则天虽然有政治家的铁腕和残忍，但面对天下人民潜伏在心中的反对声音，她还是感到了阵阵凉意。

当时，朝廷内外反武言论极为普遍，如宰相狄仁杰的姨母卢氏就不许儿子“事女主”，连武则天的亲信都劝她“返政”以安人心，而那些遵循祖宗礼法的封建文人，更是对武则天口诛笔伐，甚至连很多妇女都不支持她们的杰出代表。武则天不得不为刚刚建立起来的大周政权担心。

武则天认为，要想得到天下民心，除了实施仁政以发展社会经济外，更重要的是要加强对官吏、百姓言论的控制，使他们噤若寒蝉，更不敢拉帮结派。只有这样，才有利于大周政权的维护和巩固。

武则天接受臣下建议，在朝堂上设置四个铜轨，用以收受天下投书，分别接收“招恩”“招谏”“伸冤”“通玄”等四种告密文书。这项措施目的虽然在于维护刚刚建立的政权，但对朝廷广开言路、通达下情也起到了重要作用。为了方便告密者，武则天又下令凡有欲进京投书告密者，沿途给予驿马和五品官待遇。告密者不分贵贱，一律接见。告密属实耀官赏赐，不实者也不追究。一时间，进京投书者络绎不绝。

武则天通过这个告密制度，很快物色到了一批酷吏。其中来俊臣和万国俊是其中最著名的，他们还专门编了一部关于告密的专著《罗织经》。他们创造了如“驴驹拔撅”“犊子悬车”“仙人献果”“玉女登梯”“方梁压髁”“凤凰晒翅”等名目繁多的审讯酷法，还发明了定百脉、喘不得、突地吼、着即承、失魂魄、实同反、反是实、死猪愁、求即死、求破家等十个大枷。

这样，一整套执行恐怖政策的制度和机构就建立起来了。在恐怖政策下，武则天放手任用酷吏，被杀和遭流放者动辄几十、几百、甚至上千人。酷吏们打击的主要对象是李唐宗室和元老大臣。宗室子孙除李显、李旦及其子女尚能保全外，其余的或被杀、或自杀、或流放。

元老大臣被杀或被贬的也是十之八九。

但是武则天还是很有分寸的，她不会无限度地任那些酷吏蛮干，因为她早已是一位成熟的政治家，她任用酷吏是要他们为自己清除政敌，所以，只让他们执法但不许他们执政。同时，在司法机构中又保留了狄仁杰、徐有功等一批执法公允的良吏，这对整个政局的稳定起了重要作用。

武则天放手让酷吏们为自己清除政敌，但当酷吏们的滥杀造成新的危机，引起社会动荡时，她便毫不犹豫地将这些酷吏抛出去，杀之以平民愤。酷吏们的残暴最后落了个恶有恶报的下场。

武则天从称帝以来，共实行了长达 14 年的酷吏统治，大大地巩固了自己政权。这期间，杀人虽多却没有造成大的社会动荡，相反还得到了更广泛的庶族势力的支持，并使国家顺利进入第二个黄金时代。

迷途知返　逊位而终

武则天虽然心狠手辣，但她的确有治国之才。高宗时，她就曾经上意见书十二条，也就是历史上的“建言十二事”。这里面包括了发展农业、减轻赋税、广开言路等建议，基本上是一套较完整的治国方略。后来也被高宗颁布诏书推行。从这里来看，当时高宗之所以将处理政务的权利交给武则天，也是建立在相信她有这个能力的基础上的。

武则天另外一个值得纪念的功绩就是，首先在科举考试中引入闭卷考试的手段,这使得科举考试更加公正、公平。

为了培植和扩大自己的势力，武则天开创了“殿试”制度，她在洛阳殿亲自考试贡士，以示重视，还专门设置了“武举”，选拔有武艺的人做官，并还允许各级官吏和百姓自行荐举。另一方面，又以修书为名，广泛召集有才学的文人进宫，为朝廷出谋划策，处理奏章，协助宰相，称为“北门学士”。正因为她注意提拔新人，又知人善用，所以在她为政期间，朝廷围绕了一大批优秀的人才，并不比贞观时期逊色。武则天利用他们来打击旧的贵族反对势力，巩固自己的权势与地位，使社会经济得以继续发展，为开元盛世奠定了良好的基础。

武则天统治的后期，随着帝位的巩固，酷政的结束，政治气氛也开始宽松。然而，武则天并没有因此而感到轻松。在皇位继承人的选择上，传统观念又牢牢地束缚了她，使她很困惑。

建立周王朝之后，她让侄子们做了宰相和将军，掌握朝政大权，大臣有了功劳也赐给武姓，而不是李姓。她还免掉了武姓的田赋，把自己的故乡文水县改为武兴县，种种迹象表明武则天是想把皇位传给武姓的侄子。同时，这一切也促使了他的侄子武承嗣等人公开地对李旦的皇储地位发起了挑战。

693年元旦，武则天在万象神宫举行祭典大礼，她竟让武承嗣为亚献，武三思为终献，公开摆出了武氏家天下的阵势。至此，李、武两姓争夺储位的矛盾白热化。

狄仁杰、李昭德等几位有见识的宰相坚决反对立武氏为皇嗣，他们提醒武则天说："姑侄与母子哪个更亲？立儿子，百年之后可以永享儿孙的香火；而若立侄子，则从未听说过侄子当皇帝会为姑母立庙奉祀的。"

经过深思熟虑和痛苦的抉择，武则天终于想通了。698年年初，武则天派人把庐陵王李显秘密接回洛阳，皇嗣李旦知趣地请求让位，李显被立为太子。武承嗣眼看着太子之位被别人抢走，知大势已去，不久就郁闷而死。

李显的复位，使一度紧张的气氛一下缓和了下来。不仅避免了武、李两姓因争皇位而导致严重的政局动荡，而且对缓和当时的民族关系和阶级矛盾都起到了重要作用。同时，武则天也赢得了最后一段较为安定的生活和死后的哀荣。可以说，复立李显为太子，是继放弃酷吏政治之后，武则天晚年的又一大正确选择。

武则天的晚年，逐渐陷于男宠张易之、张昌宗兄弟的甜蜜漩涡中，一时竟然将大权交给了这两个只会讨好女人的男宠。张易之、张昌宗兄弟的势力迅速膨胀，就连朝中的当权者武承嗣、武三思、武懿宗、宗楚客、宗晋卿等人，也对二张俯首贴耳，因此二张更加飞扬跋扈。704年末，由于武则天一病不起，朝中诸事全部由二张

武则天无字碑

入宫传话，文武大臣十分担心二张乘机弄权，发动政变，于是以宰相张柬之为首等五人提前行动。705 年正月，他们杀张氏兄弟于宫内，中宗李显再次即位为帝，史称“神龙革命”。李唐政权再度重建。

705 年农历十一月初二，武则天病危，临终前遗嘱：去掉帝号，称则天大圣皇后；归葬乾陵；赦免遭她迫害王皇后、萧淑妃二族，褚遂良等人的亲属。她流着泪对中宗李显说：“我已活到 82 岁了，别人做不到的事，我都做到了，还有什么不满足的呢！ 回忆往事，真像在梦中一样啊！你要保全武氏家族。”又特别叮嘱太平公主：“你是我最疼爱的女儿，像我一样聪明，但是你可别为聪明所误。”不久，武则天病死于洛阳上阳宫仙居殿。

706 年农历正月，武则天的灵柩在唐中宗李显的护送下运回长安，与唐高宗李治合葬在乾陵。临死之前，武则天嘱咐儿子李显为她树碑但不要刻字，她认为关于她的功过是非问题就交给后人去评说吧，因此留下了“无字碑”之谜。

唐玄宗李隆基

李隆基(685 – 762)，唐朝睿宗李旦的第三子，母亲为昭成皇后窦氏。712 年即位，在位 44 年。谥号“大圣大明孝皇帝”（故习称唐明皇），庙号“玄宗”。他当政初期，唐代进入了开元至天宝长达 40 余年政局比较稳定的鼎盛时期，史称“开元盛世”。但后期的“安史之乱”却使唐王朝走向衰落。

宫廷角逐　终登帝位

唐玄宗李隆基是唐睿宗李旦的第三个儿子，自幼便非常伶俐，甚得祖母武则天的喜爱，一岁半即被封为楚王。他 5 岁时，武则天废唐睿宗，自立为皇帝，改国号大周。他 9 岁时，母亲窦氏被武则天秘密处死。这些复杂的宫廷政变对他坚定的意志及顽强的品格的形成起了巨大的影响。李隆基小时候就很有大志，在宫里自诩为“阿瞒”，虽然不被掌权的武氏族人看重，但他一言一行依然很有主见。

他 7 岁那年，一次在朝堂举行祭祀仪式，当时掌管京城守卫的金吾将军武懿宗大声训斥侍从护卫，护卫们吓得噤若寒蝉。李隆基意识到这是对自身的轻视，立刻声色俱厉地斥之：“这里是我李家的朝堂，干你何事？

竟敢如此训斥我家骑士护卫！”弄得武懿宗看着这个小孩儿目瞪口呆。武则天得知后，不但没有责怪李隆基，反而对这个年小志高的小孙子备加喜欢。第二年，李隆基就被封为临淄郡王。

唐中宗即位之后，立韦氏为皇后。韦后野心勃勃，总想学武则天也体会一下做皇帝的感觉。武则天死后，中宗懦弱无能，朝政大权渐渐落到了韦皇后和她的女儿安乐公主之手。可韦后并没有武则天的雄才大略，便和安乐公主以及武三思等人相互勾结、狼狈为奸。不但将恢复唐朝的功臣以及宰相张柬之等贬官驱逐，还把太子李重俊也给杀了。紧接着韦后又效仿武则天的做法，让自己的兄长韦温掌握大权，对于女儿安乐公主的卖官鬻爵不但不加以制止，反而大加纵容。

对于韦后之流干的这些扰乱朝政、蓄意谋反的事，李隆基并非没有看见，本非池中之物的他其实已经开始准备了。708 年，李隆基出任潞州（今山西长治）别驾，他积极网罗人才，为以后发动政变做准备。不久，罢潞州别驾，返回京城。这时他更是广结禁军首领，暗地里结交各种有识之士，培植亲信党羽，等待发动政变的时机。

唐玄宗李隆基

710 年，韦皇后和安乐公主合谋毒杀了中宗，立时年 16 岁的李重茂为帝，自己则临朝听政，掌握实权。

唐中宗的遇害，正是给李隆基提供了一个契机。710 年六月二十日，唐中宗死后 17 天，李隆基联合姑母太平公主发动了政变，一举歼灭了韦后及其党羽，傀儡皇帝李重茂也被赶下了台。相王李旦再次登基，李隆基被立为皇太子。

一波才平一波又起。李隆基当上太子不久，便与姑母太平公主发生了冲突。原来这个太平公主也是个野心勃勃的女强人，她“沉敏多谋略”，个性气质很像母亲武则天，武则天也以为“类己”。李隆基能成功地发动政变，中宗复辟，这其中多亏太平公主的鼎力相助。因此，中宗对他的这个胞妹很是看重，再加上太平公主本人也颇具领导才能，所以每遇军国大事，中宗还是多听取她的意见。久而久之，朝中宰相 6 人，竟有 4 人是都是太平公主的心腹。

随着权力的不断强大，太平公主的野心也随之膨胀起来，她渴望像母亲那样也做女皇。这时，她的最大对手便是太子李隆基。起初，她并没有把李隆基放在眼里，觉得他还年轻，但后来，在了解了李隆基的英勇果断之后，就开始防范于他。于是她开始对李隆基登基制造阻力，说李隆基不是长子，没资格做太子，更不能继承皇位。她的目的很明确，就是要废除李隆基的太子身份，为自己以后做女皇帝开路。

然而，睿宗对太平公主和李隆基姑侄两人之间的纠纷，态度十分暧昧。这里，他也有自己的苦衷。在韦武势力猖獗时，太平公主曾与他共同患难。时至今日，她又是幸存下来的惟一的胞妹。同时，太子李隆基靖难功成，控制了禁军，形成了一股很强的势力，这不能不使他心存疑惧。所以，他的态度暧昧和袒护太平公主，似乎有着牵制太子的用意。正因为这样，太平公主才敢肆无忌惮地与太子作对。延和元年（712）七月，睿宗见太子羽翼已丰，决定让位于儿子李隆基。睿宗的让位加剧了李隆基和太平公主之间的矛盾。此时，太公平主的势力有增无减，她甚至准备发动政变，直接夺取政权。

713 年七月三日，李隆基获悉太平公主及宰相窦怀贞等人将于次日发动政变，于是抢先下手，亲自率领兵马除掉了太平公主和她的手下骨干几十人，并将依附于太平公主的官吏全部罢黜。至此，动荡的局势才稳定了下来。同年，睿宗禅位，李隆基即位，是为玄宗。接着，玄宗把年号改为开元，表明自己要励精图治，再开一代伟业的决心。

文治武功　开元盛世

唐玄宗虽然在清除太平公主之后，彻底巩固了皇权，但这十几年来频繁的宫廷政变令朝廷元气大伤，吏治的混乱、腐败亟待治理。为了改变这种局面，玄宗将精力全部投入到了改革弊政上。

姚崇

首先是举贤任能，广招天下贤才。他提拔的第一个宰相，便是历史上有名的姚崇。玄宗后来的施政方针，基本上都出自他的建议，其中包括勿贪边功、广开言路、奖擢诤臣、除租税外不得接受馈赠、勿使皇亲国戚专权、勿使宦官专权等。其后继任的宋璟、张嘉贞、张说、韩休、张九龄等人，都是有名的贤相。史家赞美开元年间玄宗任用的宰相说，姚崇尚通，宋璟尚法，张嘉贞尚吏，张说尚文，韩休、张九龄尚直，正因为有了他们的忠心辅佐与玄宗本人的英明神武，才为后来的开元盛世奠定了不朽的根基。

唐玄宗不仅慧眼识贤相，还对官场进行了全面治理，特别是提高官僚机构的办事效率。为此，他采取了很多的有效措施：第一，精简机构，裁减多余官员，把武则天以来所任用的一些无用的、尸位素餐的官员全部罢免。这不但提高了办事效率，还为朝廷节省了财政支出。第二，确立严格的考核制度，加强对地方官吏的管理。在每年的十月，派按察使到各地巡查民情，纠举违法官吏，严惩不怠。第三，恢复谏官和史官参加宰相会议的制度。这一制度本创于太宗时期，当时太宗为了开明制度，清明政治，让谏官和史官一起讨论国家大事。到了武则天执政后，由于任用了许敬宗和李义府等人做宰相，有的事不敢再公开，故而将这种制度废除。第四，重视县令的任免。唐玄宗认为郡县的官员是国家治理的最前沿，和百姓直接打交道，县令的好与坏直接关系到百姓的生计。所以，玄宗经常亲自召见一些县官进行考核，以确切地了解这些县官是不是真正地称职。如果考试优秀，可以马上提拔，如果名不符实，也会马上遭到罢黜。

唐玄宗非常重视发展农业生产，为了增加劳动力，714年，唐玄宗下令淘汰天下僧尼，强制还俗一万多人。唐玄宗还重视兴修水利，由于完善了关中平原的灌溉系统，老百姓大获其利。715年，山东、河南等地发生蝗灾，唐玄宗听从姚崇的建议，督促州县全力捕杀蝗虫，从而有力地缓解了蝗灾的压力。他还在河东道、关内道、河南道等地大兴屯田，垦田面积达五百万亩，解决了军队粮食供应的问题。

由于当时均田制逐渐被破坏，土地兼并和农民逃亡现象严重。为了增加国库收入，让农民获得土地，唐玄宗积极支持官员查办强占土地的豪强，并由此而发动了一场检田括户运动。

当时的豪强霸占了农民的土地又不上报朝廷，这样自身的土地数目在增加，而向政府缴纳的税目却没有增加，同时他们又将逃亡的农户强占为自己的“私属”，在土地和人口两方面逃避国家税收。712年至715年四年之间，唐玄宗的检田括户运动收到了实效。他任命宇文融为全国的覆田劝农使，下设十道劝农使和劝农判官，分派到各地去检查被豪强强占的土地和荫庇的农户，然后把检查出来的土地全部没收，按均田制分给无地的农民耕种，对于被隐瞒的农户重新进行登记。这样下来，中央政府光增产就 88 万，一年增加的税收就高达数百万之多。由此便大大地增加了国家所控制的编户数目，不仅发展了农业生产，同时又充实了国库。

通过这些有效的措施，唐玄宗使唐朝的经济步入了正轨，农民负担得以减轻，国家经济得以繁荣，可以说在“文治”方面取得了不小的成果。同时，在“武功”方面，成就也不错。

早在唐玄宗即位之前，北方边境已是危机四伏。武则天执政初期，契丹的李尽忠就利用当时的民族矛盾，煽动部下反叛唐朝，而且攻占了营州。武则天虽派兵镇压，但是无功而返。之后安西地区的碎叶镇也被突厥攻占，致使自汉朝以来开创的中西贸易之旅“丝绸之路”中断，对中国与世界各国的外贸经济产生了极大的负面作用，严重影响了唐王朝的国际声誉。北方的领土在唐朝初年曾经统一，而且设置了单于、安北都护府，分别管辖长城内外到贝加尔湖的广阔地区。到了武则天主政以及做皇帝时期，突厥人经常骚扰边境，还攻占了蔚州（现在河北的蔚县）和定州（现在河北定县），迫使唐朝将安北都护府南迁。

为了重新统一北方，唐玄宗采取了很多措施，为收复北方领土做准备。由于均田制的破坏，农民因无地而逃亡，兵源无法保证。再加上政府对军事的不重视，士兵们缺乏训练，显得疲惫不堪，根本就无法和强悍的突厥军队抗衡。723 年，唐玄宗接受了宰相张说的改革主张，建立了雇佣兵制。雇佣兵制一方面既可解除各地民丁轮番戍边之苦，另一方面又可以吸收失业丁口，缓和社会矛盾，同时还可常驻各地，加强训练，从而有效地改善了军队素质，提高了部队的作战能力。

除了对兵制进行改革之外，唐玄宗还采取了其他很多的整军措施，如颁布了《练兵诏》，令西北军镇增加兵员。同时，任命太仆卿王毛仲为内外闲厩使，全力负责军用马匹的供应，这为培养一支训练有素的骑兵，与西北的突厥人有了抗衡的可能。另外，为彻底解决军粮问题，玄宗又命令扩充屯田范围，在西北和黄河以北地区大力发展屯田，解决军粮问题。

经过以上准备，到开元五年 (717)，唐军把已沦陷 17 年的营州等 13 个州全部收复，玄宗派宋庆礼任都督，重建营州防务。长城以北的拔也古、同罗、回纥等地也宣布取消割据称号，与唐朝合作。唐政府重新恢复了安北都护府，统一了长城以北地区。

从开元二十七年 (739) 开始，玄宗先后对西域用兵，打败并俘虏了突厥可汗，收复了沦陷 37 年的碎叶镇。同时又击败吐蕃、小勃律，重新打通了“丝绸之路”。拂麻（罗马）、大食（伊朗）诸胡 72 国感到震恐，纷纷遣使与唐修好。中亚通道的畅通，不仅维护了国家的统一，也有利于对外经济文化的交流。

针对武周、中宗以来佛教恶性发展的现状，玄宗又下令严禁新造佛寺、铸佛像、抄佛经，禁止贵族官员和僧尼交往。对于佛教势力的抑制，大大地节约了政府的财政开支。

此外，为了防止社会上的奢靡之风，玄宗在生活上也能节俭自励。为了向大臣们表示决心，唐玄宗曾下令将内宫贮藏的一些珠玉锦绣堆在殿前焚毁；还规定后妃以下不得穿戴珠玉锦绣；又将皇宫里多余的宫女遣送回家；禁止贵族骄奢纵欲；反对厚葬。在他的倡导之下，奢靡之风基本得到抑制，淳朴之风逐渐形成。

由于玄宗能够任用贤才、鼓励生产、改革弊政，使得唐王朝政治安定、国力强盛、百姓富庶，而且唐玄宗还非常重视文化、科技的发展，所以在他统治期间，可谓是人才辈出，群星璀璨。这一时期唐朝的经济文化发展到了顶峰，科技也领先世界，出现了世界上第一个测算子午线长度的僧一行。

唐玄宗在位期间，经济、政治、文化等各方面所取得的辉煌成就甚至超过了他的先祖唐太宗，开创了中国历史上强盛繁荣、流芳百世的“开元盛世”。“开元盛世”是唐王朝的全盛时期，也是中国封建社会中前所未有的太平景象。

信奸宠妃　安史之乱

在取得了一系列成就后，唐玄宗开始变得骄傲怠惰、不思进取，不但没有了先前励精图治的精神，也没有了改革时的节俭之风。他肆意挥霍，纵情声色，对于大臣们的谏言是充耳不闻，正直之人被罢官，奸佞之臣得以任用。

李林甫是个不学无术的小人，善于拍马阿谀。他因买通了后宫的一些宦官、妃子，所以对玄宗的一切行动都了如指掌。每当玄宗与他商量事情时，他总是能猜出玄宗的心意并迎合玄宗的想法。736年，唐玄宗想从洛阳回长安，但宰相张九龄等人说秋收还没有结束，这样上路会骚扰百姓，影响生产。李林甫在张九龄走后却对唐玄宗说："长安和洛阳是陛下的东宫和西宫，陛下愿意什么时候来往就什么时候来往，不必再等以后，至于妨碍了农民秋收，免了他们的税收不就行了。"

玄宗一听很高兴，照计而行。后来，李林甫就找机会诬陷张九龄等人，终于唆使唐玄宗将这些敢于直言的宰相罢了官，从而执掌了朝政大权。李林甫掌权之后，运用一切手段，排除异己。由于自身无才无德，所以特别嫉妒贤能，经常嘴里对你大加赞赏，心里想的却全是阴险狠招。所以，人们背地里说他是"口有蜜，腹有剑"。在他任宰相的19年间，极力排斥正直能干的大臣，重用了一大群奸佞小人，以至于玄宗统治后期，不但朝政废弛，而且奸臣当道，好人忠臣根本是难容于朝。

唐玄宗在宠信奸臣的同时，对宦官也格外宠信，其中以对高力士尤甚。高力士居中侍卫，下面官员所呈上的奏章，都得经过他审阅筛选之后才能呈给玄宗，所以各地官员极尽巴结之能事，希望能够讨好他，因为讨好他就等于是讨好了皇帝。不过，高力士相对还是一个比较安分的人，玄宗死的时候，也只有他这么一个宦官为伴。

736年，唐玄宗宠爱的武惠妃去世，唐玄宗十分伤心，整日郁郁寡欢，宫中美女无数，意没有一个能讨玄宗欢心。这时，宫中传言：寿王妃杨玉环姿质天成。高力士听说后报告玄宗，请示玄宗是否可召寿王妃进宫。玄宗闻言大喜，当即恩准。果真，杨玉环长得“丰艳照人，风情万种”，而且能歌善舞，聪颖异常。玄宗一见就喜欢非常，可她毕竟是自己的儿媳妇，于是玄宗设法改变这种身份，让杨玉环先入籍女道士，赐号太真，尔后再迎入后宫。不久，杨玉环专宠后宫。天宝初年，杨玉环被册封为贵妃。贵妃的地位仅次于皇后，但这时候没有皇后，所以杨贵妃实际上就是唐玄宗的皇后了。有了杨贵妃，唐玄宗的奢侈之风越来越盛，大臣、贵族、宗室为了利益，专投贵妃所好，结果让她高兴的人都升了官，这便促使更多的官僚贵族巴结逢迎，争献美味佳肴、奇珍异宝。为了迎合她喜欢服装的心理，唐玄宗专设有为其服务的700多人，专门给她做衣服。杨玉环喜欢吃荔枝，而生长在南方的荔枝摘下后五天就会变味。为了让贵妃吃到新鲜荔枝，唐玄宗下令开辟了从岭南到长安的数千里贡道，并在沿途设有驿站，备有快马，从而保证荔枝到了长安色味不变。“一骑红尘妃子笑，无人知是荔枝来”写的就是这件事。

玄宗与贵妃情爱弥笃，难分难舍。相传，有一年在华清宫（即温泉宫）的长生殿，正值七月七日乞巧节，夜阑更深，玄宗与贵妃遥望夜空牛郎织女二星，双双跪拜相盟，发誓：“在天愿作比翼鸟，在地愿为连理枝，生生死死，永不分离。”“七月七日长生殿，夜半无人私语时”说的就是杨贵妃与唐明皇的爱情。

唐玄宗爱屋及乌，因为宠幸杨贵妃，又封她的两个哥哥为官，三个姐姐则封为夫人，她的远房堂兄杨国忠也靠裙带关系扶摇直上。李林甫死后，杨国忠接任宰相。他是个比李林甫更可恶可恨的小人，要能力没能力，要见识没见识，却喜欢胡乱处理朝政。正事做不好，坏事却很在行，接受贿赂、拉帮结派等样样精通。在暴雨造成灾害时，唐玄宗询问灾情，杨国忠却拿着大个的粟穗子给玄宗看，说雨大但没有影响收成。结果下边有的官员报告灾情，请求救

华清出浴图

助，玄宗大发雷霆，命令司法机关进行严惩。

朝政混乱影响了国家的经济。首先是均田制的瓦解，这使民户大量缩减，税收急剧减少，但朝廷的用度却因玄宗的过度奢侈而极剧增加，国库入不敷出。同时，朝廷的腐败还影响了军队的战斗力，实行的募兵制，将大量的流亡无产者收入到国家的军队中来，导致军队成为了无业游民的收容所。试想这样的人，还怎么拼杀疆场，保家卫国，而后来的事实亦证明了这一点，正是由于他们，反而招致了更多的失利。可是这时的唐玄宗对于唐王朝的危机丝毫没有察觉。政治的腐败与黑暗，引起了将领贪功求官的欲望。为了挑起战争，并在战争中立功受赏，加官进爵，边镇的很多将领肆意挑衅，使得边境战乱不断。玄宗的好战对此又是火上加油，致使本该平息的冲突日益升级。初期的边境安定局面又被打破，最终导致了安史之乱。

李林甫掌权时，害怕汉人掌兵权而对自己的利益构成危胁，所以建议玄宗任用胡人做边将。也就是在这时，混血胡人安禄山受玄宗宠信，被提拔为范阳（今北京城西南）、平卢（今辽宁省朝阳县）兼河东（今山西太原市西南）节度使。安禄山貌似忠诚，实则生性狡诈，是个拍马逢迎之徒。他身体肥胖，自称 300 斤。玄宗曾开玩笑地问他：“胡儿肚子这么大，里面装的是什么？”他回答：“只有一颗忠于陛下的赤诚之心。”玄宗听后非常高兴。安禄山请求做杨贵妃的干儿子，玄宗同意了。

由于唐玄宗非常宠信安禄山，所以他经常进出长安，见内地兵力不足，长安防务松弛，就在范阳招兵买马，铸造兵器，储积粮草，准备夺取唐朝江山。有大臣上奏说安禄山有反意，但玄宗不信。直到安禄山撤换了范阳的 32 名汉将，并且开始拒绝玄宗的召见，玄宗才开始怀疑他，但为时已晚。

755 年十月，安禄山在范阳叛乱。当时天下太平日久，武备松弛，再加上此时军队中人员素质参差不齐，面对安禄山所率的骁勇善战的胡人军队，唐军只能是节节败退。叛军很快就攻占了洛阳，756 年正月，安禄山在洛阳自称大燕皇帝，准备西进夺取长安。杨国忠怕众将领立功而于己不利，便怂恿玄宗下令镇守潼关的哥舒翰出关迎战叛军，结果因敌众我寡，潼关失守，叛军直逼长安。玄宗在杨国忠的劝说下，带着杨贵妃等人启程逃往四川。

玄宗一路西行，第三天到马嵬驿（陕西兴平县西）的时候，已经是人困马乏，随行的将士又饿又累，怨声不断。有几个兵士拦住杨国忠的马，向他要军粮，杨国忠反而大耍威风，兵士们于是大喊："杨国忠要造反了！"紧接着就射起箭来。结果杨国忠和他的儿子以及亲族全都被兵士所杀。杀得起兴的兵士们此时又想起了那个让皇帝疏于朝政、祸国殃民的杨贵妃，认为就是因为杨贵妃，才使大家沦落到了今天这个地步。于是便让宦官高力士传话，一定要杀了杨贵妃。

高力士向玄宗说了这一情况后，玄宗顿时呆住了，半晌才说：“贵妃住在内宫，怎么知道杨国忠在外面谋反呢？”高力士说：“贵妃是没有罪，但是将士们杀了杨国忠，如果留着贵妃，他们哪会心安？希望陛下慎重考虑。将士们心安了，陛下也就安全了。”

玄宗听后沉默不语，这时外面喧哗声更响，高力士仓皇奏告道：“兵士们要闯进来了，陛下再不决断，他们要自己来杀贵妃了。”玄宗这才流泪说道：“赐她自尽吧。”

杨贵妃接到圣旨，哭倒在地，半天之后才请求再见玄宗最后一面。高力士引她来到玄宗面前，她哭道：“愿陛下保重。”玄宗不敢看她，只是以袖掩面哭泣。外面的士兵们闹得越来越厉害了，眼看就要闯进来了。高力士赶紧把贵妃带到佛堂，贵妃朝北拜了几拜说：“妾与陛下永别了！”然后自缢而死。将士们听到贵妃已经自缢才罢休，第二天继续护玄宗西逃。太子李亨逃往灵武（在今宁夏境内），在郭子仪、李光弼等一班西北将领的支持下，即登皇帝位，是为唐肃宗，尊李隆基为太上皇。

杨贵妃

此时，安禄山及其他的将领们，正沉溺在声色财贿之中，这也正给了唐军重整军备、调集重兵的机会。郭子仪、李光弼奉命率军至灵武与肃宗李亨会合，河西（今甘肃武威）和北庭（今新疆吉木萨尔北破城子）、安西（今新疆库车）节度使也率兵前来会合。后来，唐军又得到回纥、于阗及西域诸族的援助。757 年正月，安禄山被他的儿子安庆绪所杀。这时，唐军开始了全面反击。李光弼在太原屡挫叛军；郭子仪在山东收复了河东郡。同年九月，广平王李俶与郭子仪率军攻克长安，十月收复洛阳。此时，留在范阳的史思明不愿受安庆绪的节制而归降了唐军。唐军先封他为归义王任范阳节度使，后又策划消灭他。这件事被史思明知道后，他便再次反叛，与安庆绪遥相声援。

758 年九月，郭子仪、李光弼等 9 位节度使统兵 20 余万，后增至 60 万，讨伐安庆绪，包围了邺城。759 年三月，史思明与安庆绪联合，大败唐军于邺城。之后史、安二人产生内讧，史思明杀死了安庆绪，返回范阳，自称大燕皇帝。九月，他的叛军攻占了洛阳，与唐军相持一年多之后，他被儿子史朝义杀死。自此，叛军内部离心，屡为唐军所败。

762 年十月，唐军收复洛阳，史朝义走投无路，被迫自杀。这场持续了 8 年的“安史之乱”也宣告结束。

唐军收复长安和洛阳后，唐玄宗于 757 年十二月返回长安，闲居于宫内甘露殿。他怀念往日的尊荣，目睹眼前的凄凉，伤感叹息，最终忧郁成疾，于 762 年四月病逝于甘露殿。庙号“玄宗”，谥号“明皇”。

南唐后主李煜

李煜(937 – 978)，五代十国时期南唐第三代皇帝。初名从嘉，字重光，号钟隐，也称李后主或钟隐居士。961 年即位，在位 14 年。

无奈继位　昏庸君王

李煜和父亲李璟都不想当皇帝，都是在万般无奈之下才登上皇帝宝座的。李煜本有五个哥哥，其中四个早夭，而太子李弘冀在毒死叔父之后不久，便暴崩而亡。于是，李煜就被立为皇太子。

961 年夏，李璟病逝，李煜登上帝位。虽身为一国之主，却只有继续向强大的北宋称臣。面对北宋使者，李煜只得低声下气，毕恭毕敬。而到后来，竟然贬损仪制，如同北宋中央政府的下属机构一般。

他和父亲李璟一样，虽是昏庸君主，但不是暴君，在文学艺术方面又都很有天赋，其诗词艺术成就更是超过父亲，为中华词史上的杰出词人。

他爱情的对象是周氏姐妹。李煜首先爱上的是大他一岁的周娥皇。两人于 954 年成婚，婚后两人相亲相敬，感情弥笃，李煜曾为她写了许多诗词。周娥皇擅长歌唱、填词，还喜欢设计服装，她曾创造了一种服饰和头饰，当时妇女竞相效仿。李煜和周娥皇擅长作诗曲，经常是李煜写词，周娥皇谱曲并演唱，两人配合得天衣无缝。

自古红颜多薄命，周娥皇也摆脱不了这个宿命。结婚10年后，她竟一病不起，李煜对妻子的病情也非常担心，常常陪在她的身边，细心照料。这在封建社会，尤其是作为一国之君，确实是非常难能可贵的。然而，周娥皇最终还是含泪离开了李煜，撒手西去。李煜从此茶饭不思，政事不闻，直到周娥皇的妹妹，史称小周后的出现。小周后长得和姐姐一样美丽，才艺也很相称，而且年幼天真，更招人喜欢。

未能偏安　受猜而终

为了换取南唐朝廷的苟延残喘，保住南唐的一脉江山，李煜煞费了一番苦心。他除了向北宋称臣外，还不敢穿龙袍，南唐皇宫也被弃之不用。又降封子弟，以前封王的都降为公。

北宋朝廷并不满意于李煜对外献媚和对内压制的做法。971年，李煜的弟弟李从善出使北宋，被扣为人质，数年不得归。974年，赵匡胤遣使要求李煜前往北宋，李煜知道肯定是一去不返，所以他以疾病为由拒绝入朝。赵匡胤要统一中国，不可能听任南唐保持独立，但又知道仅凭逼迫，李煜是不会前来的，于是派军进攻南唐。李煜知道大势已去，只好下令全国戒严，全力抵抗宋军。

在大臣们的建议下，李煜下令废弃为表示卑躬而沿用的北宋年号，议定了自己的年号，暂时称甲戌岁。李煜终于成为真正意义上的一国之君，也进行了自南唐建立以来与北宋的第一次正式交锋，但难免出现一败再败的局面。

唐后主李煜

975年，北宋大军攻陷金陵，李煜率四五十人，肉袒跪拜投降。976年，李煜到达北宋首都汴梁，被赵匡胤封为光禄大夫、违命侯。从此，一个堂堂的君主，开始了比囚徒还要难堪的阶下囚的生活。

李煜擅长诗词，在词中他多次发泄了心中的苦闷和抑郁之情。宋太祖赵匡胤死后，太宗赵光义继位，他对李煜的态度一如太祖，而且更加猜忌。978年七夕那天是李煜的生日，李煜命人作乐庆贺，声闻于外，宋太宗十分震怒，又传出李煜新作“小楼昨夜又东风”和“一江春水向东流”等句，宋太宗认为李煜是贼心不死，眷念故国，于是当晚就派人以祝贺生日为名，用毒酒将李煜杀死。

宋太祖赵匡胤

赵匡胤(927 – 976)，宋朝的建立者。涿州(今河北涿县)人，父亲赵弘殷，母杜氏。960年称帝，在位17年。谥号“英武圣文神德”，庙号“太祖”。他在位期间，统一南北，加强集权，发展经济，是一位很有作为的开国皇帝。

黄袍加身　杯酒释权

赵匡胤父亲赵弘殷在后唐禁军中任正捷指挥使。后来，在后唐庄宗政变中，赵弘殷被杀害，这使得本来家道就已中落的赵家更是遭遇冷落。在其后的十余年间，赵家日益艰难。945年，赵匡胤成家，迫于家中窘况，他开始了流浪的生涯。

948年，21岁的赵匡胤投奔了正在广罗人才的郭威，成为郭威的部属。951年，掌握后汉军权的郭威，谎称辽军南犯后汉，率军北上抗辽。军至澶州(今河南濮阳)，郭威被手下将士黄袍加身拥立为帝，建立后周。赵匡胤因战功被提拔为禁军东西班行首，负责首宫廷禁卫。

后周显德元年，周太祖郭威病逝，柴荣即位称帝，是为周世宗。赵匡胤就随之被调到中央禁军任职。同年二月，北汉对后周发动进攻，赵匡胤随周世宗前往迎敌。

双方部队在高平（今山西晋城东北）展开激战。战斗危急时刻，赵匡胤带领2000骑兵冲入敌阵，击败了正在进攻的北汉军队，使后周军队转败为胜。

宋太祖赵匡胤

高平之战，周世宗对赵匡胤的出色表现十分赏识。战后，他不但被破格提拔为殿前都虞侯，成为后周禁军的高级将领，整顿禁军的重任也落在了他的肩上。

周世宗死后，他7岁的儿子柴宗训即位，后周面临“主少国疑”的局面，一时之间人心惶惶，谣言四起。其后的半年时间里，禁军高级将领的职务调整，掌握重兵大权的将领大多都是赵匡胤的心腹。赵匡胤觉得夺取帝位的时机已经基本成熟。

960年新年，后周突然接到辽和北汉联兵入侵的战报，柴宗训令赵匡胤率领禁军前往迎敌。赵匡胤率兵刚到陈桥驿的时候，将校们便将黄袍加到他身上，拥立赵匡胤为天子，发动了历史上有名的“陈桥兵变”。赵匡胤当即接受了拥戴，宣布军纪，随之回师开封，迅速控制了局势。柴宗训见事已至此，只得召集百官，被迫宣读了“禅位制书”，将帝位让给了赵匡胤。次日，赵匡胤宣布定国号为“宋”，改元“建隆”。

虽然赵匡胤抢先一步登上皇帝宝座，但依然有许多后周旧臣仍野心勃勃地等待时机推翻宋王朝。面对这种局势，赵匡胤以静制动，采取以稳定京城、笼络后周旧臣为主的方针，包括宰相在内，保留了所有后周旧臣的官位。同时，为了保证对后周旧臣笼络和收买的成功，赵匡胤毫不留情地处理了那些凌视旧臣的新贵们。当年兵变入城时的先锋王彦升，自恃拥立有功，横行不法，曾敲宰相王溥的门以吓王溥，结果被贬为唐州刺史。即便如此，后周旧臣还是有人不满赵匡胤的登基，起兵作乱。960 年春，昭义军节度使李筠举兵反宋，北汉又出兵南下，声援李筠，周太祖外甥李重进也准备在扬州起兵响应，一时声势浩大。面对这种局面，赵匡胤首先拉拢只是求富贵的李重进，赐他“铁券”，以示永保富贵，誓不相负。然后让赵光义以及赵普、吴延祚留守东京，自己则亲率大军出征，大败李筠，赶走了北汉军队。走投无路的李筠自焚而死。随后，赵匡胤又掉头南下，征服了扬州李重进，从此大宋朝政也开始稳定下来。

一日晚朝后，赵匡胤设宴招待石守信、王审琦等禁军高级将帅。酒到半酣，赵匡胤慨叹道：“若没有你们出力相扶，我哪能有今天，我是永远不会忘记你们的功劳的。可是做天子太难了，远不如做节度使时快乐。自做了皇帝后，我可没睡过一夜安稳觉。”石守信等人忙问原因。赵匡胤一字一顿地

石守信

说："这还不明白，皇帝的位子，谁不想坐。"话一出口，石守信等人吓得慌忙站起来说："陛下为何口出此言，如今天命已定，谁还敢再有贰心？"赵匡胤说："那也未必！你能确定你们的部将和你们一样毫无二心吗？一旦他们贪图富贵，将黄袍披在你们身上，你们就是不想当这个皇帝怕也不行吧？"石守信等人惊恐万分，忙磕头请皇上指出一条明路。赵匡胤长叹一声说道："你们为何不释去兵权，买上一批好田宅，为子孙们留下一份产业，家中多置一些歌伎舞女，天天饮酒作乐，快活地过完这一辈子呢？如此君臣既无猜疑又能相安，那多好啊！"石守信等人于是叩头谢退。第二天，他们都上书称自己有病，不适宜领兵征战，要求解除兵权。赵匡胤对他们大加赏赐后，给他们安排了清闲的职位。

统一全国　治理天下

当时，宋王朝虽然已经建立，但全国依然处在四分五裂的状态。在北方有契丹族所建立的辽国，在西北有党项族的强大势力，夹在二者之间的则是割据山西一带的北汉。在江淮以南，则存在着南唐、吴越、后蜀、荆南、湖南、南汉、南平、漳泉等八个割据政权。这些割据势力虽占有相对发达的地区，但都地域狭小且不联合，武装也不强，所以都称臣或通好于后周和宋王朝。

为了早日统一全国，经与大臣们商议，赵匡胤决定采取“先南后北”的统一方针。乾德元年，赵匡胤遣将出征荆湖。二月，宋军攻破江陵，荆南高继冲归降。三月又平定湖南。荆湖一平，后蜀门户大开。乾德二年十一月，赵匡胤派大将王全斌、曹彬分兵两路，仅用66天的时间就灭亡了后蜀。

平定后蜀不久，赵匡胤先后派遣侯霸荣、惠磷等人打进了北汉内部，并买通北汉宰相郭无为。开宝元年八月，赵匡胤发动了对北汉的进攻。在宋军进逼太原城下的同时，先是侯霸荣在郭无为的支持下杀死了北汉国主刘继恩，后郭无为又变卦将侯霸荣等杀死。不久，契丹出兵来援北汉，围城的宋军腹背受敌，大败而归。次年二月，太祖再次兴兵伐汉，但再次大败而回。在南方，南汉的郴州被潘美等宋将夺取,形成了良好的进攻态势。所以,潘美等接到赵匡胤灭亡南汉的指示后，马上行动，先在莲花峰大败十万南汉大军，次年二月攻克广州，灭亡了南汉。南汉灭亡之后，南方剩下的最后三个割据政权。吴越和漳泉早早上表称臣，接受宋朝的官职。势力最强大的南唐也主动要求取消帝号，改称“江南国主”。

974年秋，赵匡胤下令宋军会同吴越国主钱镠统帅的吴越军兵分三路，从北、南、西三面向南唐进攻。

在宋军进兵之前，有个怀才不遇的南唐书生樊若水投靠了大宋。他在采石矶以钓鱼作掩护，经过反复探测，精确地计算出长江的宽度、水深、流速等各种数据，然后向赵匡胤献上在长江架浮桥之策。正愁北宋大军无法渡江的赵匡胤马上赐他为进士及第，封为赞普大夫，并按照他的设计打造战舰，做好了渡江的准备。当总攻发起后，江北宋军通过采石矶浮桥，出乎意料地渡过长江。等李煜发现时，金陵已被宋军重重包围了。宋军见李煜不投降，便开始攻打金陵。李煜在宫内堆积了一大堆柴火，发誓与社稷共存亡，到时赴火就义。可当曹彬率军攻克金陵杀进宫时，贪生怕死的李煜还是投降了。

宋太祖南北用兵、统一全国的同时，还采取了一系列措施，巩固和加强了中央集权，进而创立了一整套被其后代奉为圭臬的“祖宗家法”，即由中央派遣文臣任知州、知府，一般三年一任。各州（府）还设置通判，监督、牵制州（府）长官。乾德三年(965)，他下令各州的赋税收入除留一小部分作必要开支外，其余全部上缴中央政府，调运到开封或指定地点。

在调整和确立了中央和地方的关系的同时，宋太祖对君臣关系也进行了调整。他认为，要完全解决中唐五代以来君弱臣强的问题，还应再次削弱百官的权力，把地方、朝廷的权力全部由自己一人掌握。宰相为百官之首，在朝堂可以坐着奏事。宋太祖即位后，宰相奏事仍沿旧制。有一天早朝，他突然对宰相王溥、范质说：“我眼睛有些昏花，把你们的奏疏送上前来。”在范、王二相离座递疏时，宫廷侍卫乘机将他们的座位搬走。自此以后，宰相在皇帝面前毕恭毕敬地站着奏事成为定制，地位也大大下降。另外，他还设宰相多人，在宰相之下还设参知政事若干人，另外又设置枢密使，以分享宰相的军政大权；设置三司使，以分享宰相的财政大权。

赵匡胤身为天子，富有四海，但却厉行节俭。寝殿中的苇帘都是用青布包边，宫中闱幕也没有装饰花纹，乘坐的肩舆也不装饰黄金，就连日常衣服也是洗过多次还穿。宋太祖不仅自己身体力行，还带头约束家人不能奢华。972 年七月，宋太祖之女永庆公主下嫁后回家省亲，穿了一件贴绣铺翠的短袄入宫。宋太祖看见后严肃地批评她说："你当公主的，穿这样贵重的衣服，别人就会模仿。这样一来，京城里的高档服装就会涨价，价格一涨，商贩就会贩卖，结果只会伤害百姓。你生长富贵之家，更应珍惜富贵，怎么能开这种坏风气的头呢？"永庆公主听了十分惭愧。灭蜀之后，有人将后蜀皇帝孟昶用七彩宝石装饰的夜壶送给赵匡胤。赵匡胤很生气地将壶摔碎，说："享乐到如此地步，岂有不亡国的。" 961 年二月，他又取消了文武百官及百姓在皇帝生日及各种节日上贡物送贺礼的规定。

宋太祖对贪官的惩处也十分严厉。赵普与宋太祖感情深厚，做过十年宰相，拥有很大权力。日子久了，难免有人想走他的门路，不时有人给他送礼物来。971 年四月，平日与赵普有隙的右监门卫将军赵王比告发赵普在秦（今甘肃东部、陕西西部）盗伐木材。原来，当时朝廷禁止私运秦、陇大木。赵普曾经到那里运木料为自己造住宅。他的部下趁机冒用赵普名义，私运一批大木

【画人归图】卷 局部 ［明］佚名 中国台北故宫博物院藏 76－4

【画入归图】卷 局部 [明] 佚名 中国台北故宫博物院藏 76-4

到东京贩卖。宋太祖听后欲召集百官公布此事，并拟罢免赵普的宰相官职。后来，由于太子太师王溥出班奏明：赵王比和赵普有私仇，所举虽为事实，但有夸大其词成分，才未处分赵普。之后，宋太祖要处分赵王比。但由于赵普的出面求情，这件事才算有了了结。

经过赵匡胤君臣的一番努力，朝政趋于稳定，全国也逐渐统一，外姓旁人颠覆赵宋江山的危险越来越小，但赵匡胤与赵光义兄弟两人之间原来那种为家族的命运和利益同心同德、共济险难的精神却慢慢地消失了。一旦他们有了互不相干的命运和各自的算计，兄友弟悌的伦理美德也就被抛到九霄云外了。

赵光义在增强自己势力的同时，赵匡胤也抓紧了自己的行动。开宝九年(976)二月，吴越国王来朝，一般很少参与政治活动的皇子德昭这次却突然被赵匡胤委派至宋州迎宾。吴越国王来朝是当时朝野瞩目的大事，赵匡胤借这一机会，巧妙地把本来还默默无闻的皇子推到了臣民们的面前。回到开封后，赵匡胤一反常态，明显地加强了同另一皇弟赵光美（赵匡美）的关系。仅七月一个月的时间，就三次驾临赵光美的府第。这一系列反常举动，都表明了赵匡胤是别有用心的。

同年十月，宋太祖赵匡胤在病中猝然去世，终年50岁。据说，赵匡胤临死前，赵光义将殿中人等全部赶出，人们在外面听到殿内有异样响动。不一会儿，赵光义就宣布圣上驾崩了，然后匆匆离去。

宋徽宗赵佶

赵佶(1082－1135)，神宗第十一子，哲宗之弟，母为钦慈皇后陈氏。1100年即位，在位25年。谥号“圣文仁德显孝皇帝”，庙号“徽宗”。

宠信奸佞　误国误民

赵佶天资聪颖，却轻佻放浪。他继位后，章惇等人可能觉着这位轻佻浮浪的新皇帝未必可靠，就奏请向太后“权同处分军国事”。对向太后感激至极的赵佶也向向太后哭拜请求，向太后只好答应听政。

赵佶登基的第二年年初，向太后去世，宋徽宗开始真正掌权。年底，他突然把已被自己贬到杭州去的蔡京起用为定州知府，随即转为大名府知府；还未到任，又任命为翰林学士承旨兼修国史，调回朝廷；两个月后，又升任尚书左丞，进入中央决策层；再过两月，蔡京被升任为右仆射兼中书侍郎，职位和权力相当于第二宰相。前后仅仅半年时间，蔡京已经成为朝廷决策阶层的主要人物。由此再过半年，蔡京便正式就任左仆射兼门下侍郎，

宋徽宗赵佶

成为当朝第一宰相。这一系列变化令朝野上下都感吃惊。

由于向太后反对变法，所以在她听政的 9 个月里，向太后让老持深重的保守派人物韩忠彦担任宰相，而担任第二宰相的是拥立赵佶的曾布。曾布是王安石变法的拥护者，为此一心想排挤掉韩忠彦。曾布一方面劝徽宗皇帝要继承父兄神宗皇帝与哲宗皇帝的遗志，发扬光大他们的革新变法事业。因为只有这样，才能民富国强，长治久安。血气方刚且一心想有所作为的赵佶立即为之心动。另一方面，曾布的政治主张虽得到了不少朝臣的拥护，但要对付韩忠彦这样的保守派，他需要更加强有力的支持者。因此，他支持皇帝起用蔡京来达到自己赶走韩忠彦的目的。

平庸且糊涂的韩忠彦，在政治上，没有能力阻止皇帝对变法派一方的大力支持，在政务上，虽然权位在曾布之上，却事事受到曾布的掣肘，无所作为。万般无奈之下，他也想利用蔡京来打击曾布。

1102 年，韩忠彦罢相，蔡京官至尚书左丞，已经是副宰相职级。曾布觉得事态不妙时，已经无力阻拦了。而此时的蔡京对曾布也开始出击了，做尚书左丞还没满一个月，蔡京就抓住其把柄用一份狠辣的奏章彻底断送了曾布的宰相梦想。紧接着，蔡京又弹劾他贪赃枉法，收受贿赂，结果曾布再次被贬官，被发往太平州居住。5 年后，曾布在郁郁寡欢中死去。至此，已经无人能够阻挡蔡京升任宰相职务了。

蔡京上任的第二天，徽宗下达了一道措辞严厉且强硬的禁止元祐年间所行法政的诏书。这就是中国历史上极为著名的、整治保守派人士的元祐党案及其元祐党人碑的开端。蔡京为皇帝提供了一份元祐党名录，其中包括了以人品官声享誉当时、以文化成就震古烁今的司马光、苏东坡、苏辙、黄庭坚、程颐、范纯仁等数百人。虽然这些人大多数都已去世，但他依旧对他们的名节和尊严进行诋毁。

徽宗初政时，曾经鼓励、号召天下人畅所欲言地品评朝政。结果，在蔡京的鼓动下，仅仅一年多一点时间，徽宗皇帝便尽反前言。他将所有奏章和上书交给蔡京父子、门客强浚明兄弟，再加上一位才学不错的学者叶梦得，由这个五人小组根据上述文书中的内容与词句，决定如何处置这些上书言事者。他们借此打击了那些与蔡京有过节的人，并最终形成了党人之祸。

爱好艺术　崇信道教

及时行乐，被赵佶奉为人生哲学。因此，在蔡京等人的鼓动下，他修建了富丽堂皇的新延福宫。这新延福宫确实是当时最知名的建筑之一，其构思之精巧，占地之庞大，为当时之罕见，赵佶还下令收集天下最美好的东西来点缀这座宫殿。赵佶收集的内容很广泛，除了象牙、犀角、金银、玉器、藤竹、织绣、花石等物外，前代的书法、名画、彝器、砚墨等等物品，也是赵佶收藏的目标。他在宫中专门设立了一个御前书画所，由著名书法家米芾等人掌管，里面收藏了数以千万计的珍品。东晋二王的《破羌帖》、《洛神帖》，以及唐代颜、欧、虞、褚、薛、李白、白居易的墨迹都在其中，光颜真卿的真迹就有八百余幅。还有三国时曹不兴的《元女授黄帝兵府图》，曹髦的《卞庄子刺虎图》等丹青名画。赵佶收集了商周秦汉时期的钟鼎礼器一万余件。在他贮藏文房四宝的大砚库中，光端砚就有 3000 余枚，著名墨工张滋制的墨不下 10 万斤。

赵佶不仅收集古书画、彝器，他还加以潜心研究，对到手的书法名画重新装裱，并亲自为之题写标签，以便保存。在装裱时，赵佶还有一定的格式，被后世称为“宣和装”。他还命人将历代著名书法家、画家的资料加以记录整理，并附上宫中所藏的各家作品的目录，编成《宣和书谱》和《宣和画谱》，为后世留下了美术史研究的珍贵史籍。赵佶还对所藏古彝器进行考证、鉴定，亲自编撰了《宣和殿博古图》。

另外，赵佶从小就喜好道教，经常翻阅道教神仙鬼怪的书籍，对神仙的生活十分向往。有些道士先是预言他当得天下，后又劝他将京城东北角垫高，以便多生儿子，偏巧这些预言实现了，赵佶对此更是深信不疑，在他眼里，道士简直成了活神仙。一时间，道教风行全国，王老志、林灵素等先后粉墨登场。尤其林灵素更是骗子中的奇才，其他道士都以自己是活神仙自居，而这个林灵素却把赵佶说成是神仙，而且是上帝的长子长生大帝君，其他如蔡京、蔡攸、童贯等人也各有仙位，就连赵佶宠爱的小刘贵妃也成了九华玉真安妃下凡。大喜过望的赵佶不仅给林灵素封了称号并厚加赏赐。还浩浩荡荡地来到玉清和阳宫，上玉帝尊号曰：“太上开天执符御历含真体道昊天玉皇上帝。”并大赦天下，令各地的所谓洞天福地全都修建宫观，塑造玉帝圣像，又铸神霄九鼎，安放到上清宝和阳宫的神霄殿。到后来，他竟然把自己也册立为“教主道君皇帝”，蔡京、童贯等朝廷大臣也都兼任了道教官职。就连朝廷要提拔侍从以上的官员，也得先由算卦的道士推算他的五行休咎，然后再正式任命。

1121年夏，汴京天降大雨，城内成为一片汪洋大海。煞有其事作法的林灵素被防汛的民夫打得屁滚尿流，再加上太子赵桓前来告状，赵佶这才赶走林灵素，佞道活动也稍有收敛。

沉溺女色　不理朝政

性格轻浮的赵佶除了喜欢花木竹石、鸟兽虫鱼、钟鼎书画、神仙道教外，对女色和游戏也十分喜好。赵佶成婚后，先是钟情于向太后的王姓和郑姓两个侍女，结发妻子王皇后去世后，好读书的郑氏便被册立正位中宫。

另外，大小二刘贵妃、乔贵妃、韦贵妃等人也都受到赵佶的宠爱。

然而，再美味的佳肴都有腻烦的时候。有一天，赵佶在团扇上挥毫写下了两句诗“选饭朝来不喜餐，御厨空费八珍盘”，本想一气呵成，搜肠刮肚而没下文的赵佶便令一太学生续完。这小子也会揣摩，所续之词竟然是：“人间有味俱尝遍，只许江梅一点酸。”

赵佶的人间杨梅就是居住在东京镇安坊金线巷的青楼歌妓李师师。李师师，本姓王，染局匠女儿，4 岁丧父，流落街头，被隶属娼籍的李家收养，后成为名动京华的歌妓。她色艺双全，名倾一时，赵佶自得知她的艳名后，经常晚上溜出宫门，微服前往李师师家过夜。

在宫中赵佶还经常搞些花天酒地、放诞荒唐的游戏，主角经常由贵为宰相、执政的王黼、蔡攸等人担任。每逢赵佶吃酒时，王黼和蔡攸就穿着短衫窄裤，脸上涂胭抹粉，夹杂在戏子中间，做怪模样，说下流话，搞得君臣体统皆无。

赵佶生活糜烂，穷奢极欲。为了满足他的欲望之壑，他挖空心思地大敛民间之财，曾多次铸大面值的当五、当十大钱，把茶税定额提高了好几倍，把原先由朝廷出钱征购的绢帛、谷物也改为无偿地榨取，王安石变法的一些内容也完全变成了他疯狂剥削的手段。赵佶的大肆敛财致使不堪负重的农民纷纷揭竿而起，起义此起彼伏，尤其是两浙、黄淮地区的方腊起义，虽然最后被镇压和招抚，但对腐朽的北宋王朝来说，也是个不小的打击。

赵佶一方面沉湎于纵欲，一方面又不忘美化自己的统治。为了粉饰太平，他先是让人创制雅乐，赐名为“大晟乐”，并颁于天下，认为以此就可以达到歌舞升平了。为了实现四海都无叹息声，赵佶敕令在京师建了所谓的“居养院”，赡养鳏寡孤独的老人，各地州县设置“安济坊”“漏泽园”，朝廷还把办这些善举作为衡量地方官政绩优劣的标准。

被迫禅位　身死异邦

从崇宁二年起，赵佶听从蔡京的建议派童贯带兵发动了一连串对西夏的战争，攻占许多地盘，逼得西夏低声下气地奉表谢罪。自从与西夏交兵以来，宋朝从未取得过如此赫赫的战果。

宋夏边境的战火刚刚熄灭，被胜利冲昏了头脑的赵佶就开始打起辽的主意。这时正有一辽人马植来到宋朝，向赵佶进策：宋金联合，南北夹击辽朝，不但可以把石敬瑭割让的燕云十六州收复回来，还可以借机扩大榨取勒索的范围。赵佶打好了如意算盘，1120 年与金订下了夹攻辽国的盟约。然而恰在此时，方腊起义爆发，赵佶只好先让准备攻打辽国的部队去镇压义军。

1122 年，金兵攻打辽国，辽天祚帝逃往夹山，留守燕京的耶律淳自立为帝。赵佶认为这个时机正好可以从中渔利，于是命令童贯、蔡攸等率 15 万大军向燕京进发。童贯、蔡攸在军中立起“吊民伐罪”的大旗，打算不战而降辽。不想辽兵不降，反来追击，宋军在毫无准备的情况下，连吃败仗。赵佶闻讯，急令撤兵。金人也看出了宋朝的腐败。1122 年十二月，金兵占领燕京后，企图单方面撕毁盟约。几经交涉，宋朝在付出了惨重的代价之后，只收回了燕京及附近的六州之地。

1125 年，金兵分两路大举南侵。在叛徒郭药师的带领下，金军攻无不克，战无不胜，不久就打到了京师附近。此时，赵佶已经风流不再，只想逃跑。主战派李纲以血上疏，建议大敌当前，应当让太子即位，以守宗社、收人心、抗敌兵，保住天下。赵佶认为言之有理，但他为保住面子，绞尽脑汁找了个要当教主道君的借口，将皇位传给了皇太子赵桓。于是赵桓在一番辞让之后登基了，即是后来的宋钦宗。赵桓封赵佶尊号曰“教主道君太上皇帝”，居龙德官；郑皇后尊号曰“道君太上皇后”，居撷景西园。

赵佶退位后，立即带着嫔妃宠臣向南逃跑，直到金兵从汴京城下撤退，赵桓派人请赵佶回京，赵佶这才回来。

随后，金兵又来攻打汴京，不久城破，赵佶和儿子赵桓等被抓获。金兵在汴京劫掠一番后，便押着赵佶、赵桓以及王公大臣、贵族嫔妃等 3000 多人往北而去。

赵佶被押到金国都城所在地的上京会宁府（今黑龙江阿城县南），在穿着素衣拜见了阿骨打庙后，又拜见金太宗吴乞买于乾元殿，金太宗封他为“昏德公”。不久，赵佶和赵桓等 900 余人，被迁到了韩州，金朝拨给 15 顷土地，令他们耕种自给。在以后，金人每逢丧祭节令总要赏赐给赵佶一些财物酒食，同时要赵佶写一封谢表。后来，金人把这些谢表集成一册，拿到设在边境和南宋进行贸易的榷场一直卖了四五十年。

1135 年春，这位风流皇帝等不到回国那一天便客死他乡了。直到 1142 年夏，赵佶的棺材才被运到临安安葬。

宋高宗赵构

赵构(1107—1187)，南宋第一代皇帝。字德基，徽宗第九子。1127年即位，在位36年。谥号“神武文宪孝皇帝”，庙号“高宗”。

金营议和　临安称帝

靖康元年(1126)正月七日，迫于金兵逼进东京，宋钦宗急忙授军前计议使于赵构，让他到金营求和。二月七日，钦宗下诏割三镇与金人，由肃王赵枢代替康王赵构为金朝人质，康王与张邦昌一同被放还。金兵统帅斡离不知道刚才策马而走的是康王赵构时，懊悔不已，急忙派兵追赶，但赵构早已逃之夭夭。斡离不觉得目的基本达到，不久便撤军北上了。

十一月，金兵再次兵临东京城下，赵构只得再次出使金营议和。途中，宗泽力劝赵构勿蹈肃王前辙，同时赵构又收到汪伯彦的急信，信中说和议的时机已经丧失。赵构惊出一身冷汗，急忙返回相州。没过几天，割地使耿南仲来相州求见赵构，说京城已危在旦夕，皇上令其尽起河北诸郡兵马速去救援。赵构得了圣旨，立即与耿南仲联名张榜，招兵买马，组成了勤王军。不久，宗泽、梁扬祖等也先后率兵来会合，这时军威才有所壮大。

宋高宗赵构

金兵攻陷东京外城，斡离不逼迫钦宗下诏将康王召军，并令勤王军原地驻扎不许妄动。赵构不敢直趋京师与斡离不较量，于是，命宗泽率万人进军澶渊驻扎，谎称大元帅在军中，而自己却和汪伯彦等人往东平而去。宗泽在开进澶渊途中，多次大败金军，而赵构在东平驻扎了一个月后，又转到济州（今山东巨野）驻扎。由于他不敢与金军较量便按兵不动，这使各路勤王兵也不得靠近京师，京城就如此被金军轻易攻破。

金军统帅粘罕和斡离不先后把宋徽宗、宋钦宗拘留在金营，接着金主又下诏废宋徽宗、宋钦宗为庶人。靖康二年(1127)三月七日，金人立张邦昌为伪楚皇帝，北宋王朝宣告灭亡。

宗泽等人见宋朝无主，于是请求赵构登基为帝，于是，赵构决定移师南京（今河南商丘），并随即在南京即位，改年号为建炎。

无意北伐　偏安东南

刚刚即位的赵构为了表示一下抗金决心，便以抗金宿将李纲为尚书右仆射兼中书侍郎，但又命黄潜善为中书侍郎，汪伯彦为同知枢密院事。李纲为相后，派马忠、张焕率军1万人袭击并大败河间的金军。北方军民心系南宋朝廷，他们自动组织起来，多者数万人，少者也有数千人，神出鬼没地出击敌人。

对金是和是战的问题一直伴随着南宋政权的始终。赵构一方面也想利用李纲抗金的威望，振作士气，维护南宋王朝的颜面；另一方面，他又幻想对金朝屈膝投降，以换取金朝对南宋政权的认可。最后，赵构还是决定不顾抗金派的坚决反对，开始南逃。在此之前，抗金将领岳飞上书赵构，指责黄潜善、汪伯彦奸臣误国，建议赵构乘金人在北方立足未稳之际，亲率六军北渡，收复失地。赵构不但没有这样做，反而认为岳飞越职言事，予以削官处罚。面对这种情况，深感自己不能有所作为的李纲便提出辞职，赵构也顺水推舟将李纲贬为观文殿大学士。

与赵构南逃形成鲜明对比的是，北方军民的抗金活动正如火如荼地展开。抗金老将宗泽在李纲为相时被荐为开封府尹，他积极招兵买马，制造战车，驻兵数万，许多义兵首领也投到他的麾下，开封的军势一时大振。两河地区的红巾军、八字军也活动频繁，积极抗金。金见中原抗金力量日渐扩大，决定再次用兵。可是赵构却乘船南逃。京师百姓闻悉都痛哭失声，感到已没希望恢复失地了。

赵构南逃后，宋军防线由黄河一线南移至淮、汉、长江一线，抗战形势逆转。金兵分兵三路轻易渡过黄河，不到3个月，西自秦州、东至青州一线之广大地区均被金军占领。

从1127年到1138年的10余年间，高宗一直辗转在东南沿海各地，躲避金军。他否定了张浚“建都建康，渐图恢复”的建议，南逃至临安定都。东京留守宗泽欲渡河北伐，力劝高宗回汴京坐镇，但遭到高宗的拒绝。

1137年，金主采纳了挞懒的建议，决定把原刘豫统治的地区交给南宋，以便让赵构镇压来自民间的反抗斗争，并以归还徽宗梓宫、韦太后（赵构生母）及交还河南诸州为条件，要南宋向金称臣，贡纳岁币。1138年，秦桧代赵构在金使面前跪拜，接受了金朝的诏书。次年正月，宋廷正式宣布了议和内容：宋对金称臣，每年向金纳银25万两，绢25万匹，金归还原刘豫统治的河南、陕西地区，并送还徽宗梓宫、韦太后和钦宗。

此时，金朝统治集团内部发生权力斗争。1139年，金主四太子兀术处死挞懒。由于兀术向来反对把河南、陕西地区还给南宋，因此，议和条件又被推翻。金朝单方面要求修改和议条款，赵构不顾群臣反对，还想通过谈判了事。

宠奸害忠　无奈退位

绍兴十年五月，金兵兵分四路南下，不久便攻下了河南、陕西诸州，继而又占领东京。高宗匆忙下诏让岳飞从襄阳出击，牵制向淮南及陕西进攻的金兵，并恢复京师汴梁。岳飞奉诏出师北进，先后攻下了颍昌（今河南许昌市东）、蔡州（今河南汝县南）、洛阳等地。不久，岳家军进驻郾城（今属河南），与金军展开决战，取得了有名的郾城大捷。与此同时，韩世忠、张浚所部分别收复了渔州（今江苏东海县东）、亳州（今安徽亳州市）；忠义民兵也收复了不少城池，并相约以“岳”字旗为号，准备将来与渡过黄河的岳家军兵配合攻打金军。这些胜利，使金军陷入宋军的包围之中，沉重打击了金军。

岳 飞

在如此大好形势之下，以秦桧为首的投降派开始了破坏抗金的行动。他先命令张浚、杨沂中等抗金将领南撤，然后以“孤军不可久留”为借口，请求赵构给岳飞下达班师的命令。赵构竟连下 12 道金牌，勒令岳家军立即退兵。岳飞接到班师的命令，心中异常悲愤，感到多年的抗金成果即将毁于一旦。但朝廷的命令不可违抗，岳飞只得无奈地率军退驻鄂州。前方已经收复的城市，又重新沦入金人之手。

赵构不仅主动放弃了军事反攻的良机，而且对拥兵在外的将领戒心重重，为防止将领们尾大不掉，滋事生非，他决定在适当时候收回他们的兵权。而今时机终于来了，他以论功行赏为名，诏令韩世忠、张浚、岳飞三位大将速回临安。

刚回到临安不久的岳飞父子就被诬下狱。韩世忠不服，就问秦桧下狱的罪名，秦桧竟以“莫须有”相对。秦桧又让岳飞手下检举岳飞父子“谋反”的罪证。虽然一连两个月都没有一人来做证，但赵构与秦桧还是不顾一切地把岳飞父子及张宪定成死罪。不久，年仅39岁的一代抗金名将被害死于风波亭。

自1141年“绍兴和议”签订开始，朝政就已经由议和派把持，他们对抗战派全力加以排斥打击，贬谪迫害主战派官员。赵构还禁止对议和不满的呼声，太学生张伯麟在壁上题词：“夫差，你忘记越王杀害了你的父亲吗？”结果被打几十大板后刺配吉阳充军。议和后，南宋每年都要向金交纳巨额贡物，这些负担自然转嫁到老百姓头上，由于赋税沉重，国困民穷，各地农民纷纷起义。洞庭湖地区的钟相、杨幺起义就是此时爆发的。

1161年秋，完颜亮率60万大军南下，企图一举灭宋。赵构急忙命宋军抵抗，结果还未交战宋军便纷纷逃跑。赵构得知后，吓得准备想走航海避敌的老路。后来在新任宰相陈康伯的坚决劝阻和逼迫下，赵构才留下来并下令亲自率军征讨。

同年十月，金国完颜雍借完颜亮南下侵宋之机，发动宫廷政变，自立为皇帝，完颜亮被哗变的士兵杀死，金军北撤。南宋军队乘势收复两淮，大获全胜。

完颜亮南侵的惨败，使南宋抗金热情大振，抗金运动风起云涌。面对这种局面，赵构无奈，只得于1162年下诏退位，将皇位交给了养子、宋太祖的七世孙赵眘，自己当了太上皇。1187年，赵构去世，享年81岁。

辽太祖耶律阿保机

耶律阿保机(872 — 926)，姓耶律，名亿，字阿保机。契丹迭剌部霞濑益石烈乡耶律弥里人。他是德祖皇帝耶律撒剌的长子，母为宣简皇后萧氏。907年即可汗位，916 年接受尊号，建国号“契丹”，在位 11 年。谥号“升天皇帝”，庙号“太祖”。阿保机长于征战，通于治国，使契丹的社会经济得以迅速发展。同时，又创建了政治礼仪等各项制度，使契丹的统治机构趋于完善。

能征善战　继承汗位

耶律阿保机出生于一个契丹迭剌部的一个贵族家庭中，他的祖先曾累代为本部酋长。耶律阿保机出生的时候，他的祖父匀德实正担任夷离堇职务，掌握着联盟的兵马大权，而且由于他在对外扩张中屡战屡胜，又主张大力发展农牧业，劝民稼穑，倡导畜养，富民强族，因此在部落中享有很高的威望，但同时也引来了其他贵族的敌视。贵族耶律狼德后来用卑鄙的手段谋害了匀德实，夺取了他的职位。匀德实的妻子萧月里朵带着自己的四个儿子和耶律阿保机等几个孙子，逃到贵族塔雅克家中藏了起来，并把耶律阿保机藏在一个僻静的小帐篷里，这样才躲过了一场灾祸。

耶律狼德掌握大权之后，在联盟内横行霸道，无恶不作，很快引起了各部贵族的不满。在匀德实前任夷离堇蒲古只的领导下，匀德实的次子岩木重新夺回了夷离堇职位，杀死耶律狼德及其同伙。后来耶律阿保机的父亲撒拉的、撒拉的从兄偶思、撒拉的三哥释鲁相继担任了夷离堇。

在此前后，契丹与邻近部落进行了多次战争，阿保机也曾多次参加，战争的经验、前辈英勇的精神造就了他的魄力与胆识。不久，阿保机的伯父释鲁在一次叛乱中被杀身亡，阿保机以其卓越的军事指挥才能很快平息了这次叛乱，他因此也被推举任命为迭剌部的夷离堇。一年后，年仅 31 岁的阿保机晋升为总知军国大事的于越（联盟执政者）兼夷离堇，掌握了契丹联盟的军政实权，担负起了对外战争重任。从此以后他东征西讨，先后打败了室韦各部，并将兵一直打到河东怀远、蓟北，他的声名也由此威震中原。

而此时唐朝境内，藩镇割据，内战频仍。先是割据太原的河东节度使李克用与阿保机订盟修好，后来河南藩镇朱全忠也派人携带贵重聘礼，要求与阿保机结盟。阿保机亦即应允。在与中原诸汉族强大割据势力结成友好关系

耶律阿保机塑像

后，阿保机着力发展契丹的农业、畜牧业以及冶铁、纺织、制盐等手工业，契丹的社会经济得到迅速发展。阿保机在契丹和汉人心中的地位都大大提高。

唐天祐三年(906)十二月，契丹痕德堇可汗去世，遗嘱推举阿保机继任汗位。此时已集契丹军、政、财、法大权于一身的阿保机先表示推辞，这样避免了成为众矢之的。与此同时，阿保机的亲信和支持者则同时宣传着阿保机的许多神话，为阿保机出任契丹最高领袖广造舆论。一切准备就绪后，阿保机便不再推辞，通过部落联盟选举的仪式，命设祭坛，燔柴告天，即可汗位，成为契丹族新的首领。

称帝立国　西征东讨

阿保机在即汗位的当年二月，率军攻打黑车子室韦，迫其八部降附。次年五月，他又征服了乌丸等部。继之，阿保机亲自率军大规模出征，征服了东西部各族，使契丹的统治范围扩大到东际海（渤海）、南暨白檀（今北京密云东北）、西逾松漠（今内蒙古锡林郭勒盟东南部）、北抵潢水（今西拉木伦河）的广大地区。

阿保机即汗位的第五年，阿保机的弟弟剌葛、迭剌、寅底石、安端以及阿保机的养子涅里思、于越辖底、贵族萧实鲁、赫底里、骨哥等，以辖底为主谋，先后发动了三次大规模的叛乱。最初为取得旧势力的支持，阿保机对他们采取了妥协和宽容的态度，但时机成熟后，他就痛下杀手，严厉惩处了叛乱的头目。

阿保机继任汗位第十年初，接受尊号，称“大圣大明皇帝”，其妻述律平称“应天大明地皇后”，建年号“神册”，国号“契丹”，立长子耶律倍为皇太子，并在潢河沿岸的契丹故地建造皇都，宣告了契丹国家的诞生。

阿保机雄才大略，并不满足于对北方草原的统治，在契丹政权建立的同时，他就开始了更大规模的对外扩张和军事征服。于是他带着夺取河北，挺进中原，建立不朽功业，做全中国皇帝的梦想，开始了南征北战。他先攻下朔州（今山西朔县），俘虏晋振武节度使李嗣本后，又发兵攻云州（今山西大同），遇到大同防御使李存璋的顽强抵抗。不久，阿保机复出兵攻下武、蔚、妫、儒四州，自代北至河曲，越阴山，都划在了自己的统治范围之内。他改武州为归化州，妫州为可汗州。此后他三次对晋用兵，也取得了丰硕的战果。

与此同时，阿保机还大举西征，攻破素昆那山东部族，兵至乌孤山，继进至古单于国，直至抵达古回鹘城。不久，他又遣兵逾流沙，攻克浮图城，征服了浮图城以西各部。

西征结束，经过短暂的休整后，阿保机命皇后述律氏、皇太子倍、次子德光从行，东讨渤海，攻占扶余城，进而平灭渤海国，改渤海为东丹国，改忽汗城为天福城。之后，铁骊等亦相继投降归附了契丹。

至此，西征、东讨两件大事已经顺利实现，阿保机更迫切地希望夺取河北，挺进中原。然而天命难违，就在阿保机率军从天福班师，途至扶余城驻军时突染急病，七天后病逝，终年 55 岁。

金太祖完颜阿骨打

完颜阿骨打(1068－1123)，姓完颜，名阿骨打，也称旻。女真族人。金的创建者。世祖劾里钵的第二子，母为翼简皇后拿懒氏。1115年即位，在位9年。谥号“武元皇帝”，庙号“太祖”。他建立金国，灭亡辽朝，创建文字，吸收汉族先进文化，促进了女真的发展。

统一女真　抗辽立威

早在公元十世纪中叶，完颜部统一了女真各部，并且逐步形成了一个强大的军事部落联盟。

完颜阿骨打就出生于这个部落的贵族家庭之中。他自幼孔武有力，十几岁的时候，便以擅长骑射而闻名遐迩。他跟随父兄四处征战，作战勇猛果敢，在统一女真各部的战斗中成绩卓著。辽朝统治者特意授命阿骨打为详稳。世祖劾里钵临死前认为能够使自己部族摆脱契丹人控制的只有阿骨打一人。

986年，辽世宗派遣枢密使耶律斜轸讨伐女真，仅一次就俘获女真人口十多万，马二十多万匹。在疯狂掳掠的同时，辽朝历代统治者还逼迫女真缴纳各种土贡产品，同时强行与女真人进行不平等交易；最令女真人不能忍受的是辽朝“银牌天使”对他们的骚扰，“银牌天使”以其特殊身份贪纵骄横，恣意玩弄女真女性，不管门第高低，结婚与否，只要漂亮，便指名索取。这引起了女真各阶层的强烈不满，一场反压迫与剥削的斗争在迅速酝酿着。

天庆三年(1113)，康宗乌雅束病死，阿骨打继任为都勃极烈。抗辽斗争的重任就落在了他的肩上。

此后，阿骨打着手增强女真族的军事力量，鼓励部族成员从事农业生产，积蓄粮食，同时，建城堡，修戎器，练兵牧马。另外，阿骨打以对辽帝贡奉为名，曾多次派使者到辽朝暗中刺探军情。他本人也多次朝见辽朝皇帝，对辽朝财政了如指掌。同时他还对辽朝的贵族加以贿赂，以此麻痹辽朝统治者。

1114 年九月，完颜阿骨打集合各部落兵 800 人，出其不意地向辽朝统治下的宁江州发动了进攻。久遭压迫的女真将士人人奋勇，个个当先，阿骨打则身先士卒，赤膊上阵，亲手射杀辽军大将耶律谢十，士气大振，很快就攻破了宁江州城，这是反辽战争的第一次胜利。

建国灭辽　和睦友邻

攻下宁江州后，女真军乘胜进击，攻打另一军事重镇出河店。十一月，两军战于出河店。面对数倍于己的敌人，完颜阿骨打采取机动灵活的战略战术，领兵

3000 余人暗渡混同江，出其不意地打击了辽军，缴获了辽军大批军械物资，取得了出河店之战的辉煌胜利。他又将收降的各族士兵编入女真部队，很快扩展到一万余人。

地域的扩大，被征服的民族和人数增多，建立一个统一的女真国家已是势在必行。1115 年正月，完颜阿骨打依仿汉族制度，称皇帝，建国号大金，建元收国。

金朝建立之后，完颜阿骨打继续发动灭辽战争，开始进攻属于辽籍女真住地的辽的北边境，并迅速夺取了宾、祥二州，占领了咸州，继而包围并占领了黄龙府。消息传来，本抱议和幻想的辽天祚帝大为恐慌，立即下诏率几十万大军亲征。面对强敌，头脑冷静的阿骨打集中优势挫败了最强的辽中军，天祚帝逃往长春州。

1117 年，金军进攻长春州，辽军不战自溃，金军乘势攻下泰州。1120 年，阿骨打再次率军伐辽，占领了上京临潢府。次年，阿骨打又派忽鲁勃极烈杲等继续攻伐，先后攻占了辽中京大定府、西京大同府和燕京析津府，辽朝濒临灭亡。

为了完成对辽的最后打击，阿骨打除妥善安抚新降附的各族人民外，对邻国也采取了友善的态度。同时还派人出使北宋，约北宋夹击辽朝。双方约定：宋、金联合夹攻辽国，宋取辽的燕京析津府，金取辽的中京大定府。灭辽之后，宋将以前输辽的岁币转输给金；金将后晋石敬瑭时割给辽的燕京一带汉地归还宋朝，这就是历史上著名的宋金“海上之盟”。

双方誓盟之后，金军迅速出击，先后攻占了中京、西京；而北宋军队两次围攻燕京都无功而返，最后还是由金军在宋军的配合下攻占了燕京。因此，在燕京地区的归属问题上双方发生了分歧，经多次谈判，最终，金朝只是将燕京及其所属蓟、景、涿、顺、檀、易六州归还北宋，而北宋除了将过去输送给辽的岁币全数输给金外，还要每年向金朝缴纳100万贯钱的燕京代税钱。

完善国制　功成身死

完颜阿骨打称帝后，不断完善金朝奴隶主贵族的政权建设。为确立新的奴隶制占有关系，阿骨打首先确立了皇权，即把都勃堇、国相、勃堇的建制发展为中央统治的最高权力机构——勃极烈制。在勃极烈制下，原部落联盟的最高军事首领都勃极烈改称皇帝，处于全国最高的统治地位，以下设置各级勃极烈。后来，阿骨打又把国相制与勃堇制结合起来，确立中央统治机构的官职名称，正式设置各级勃极烈。

阿骨打继任都勃极烈后，还完善了作为军事编制的猛安谋克，命令以三百户组成一谋克，每十谋克组成一猛安，谋克、猛安分别为百夫长、千夫长。各谋克中又按“什伍制”组成作战小分队，使军队的机动性和组织纪律性都大大增强了。阿骨打后来又把猛安谋克发展为一种地方行政组织，在新占领的地区实施后，极大地巩固了自己的统治，使中央集权也加强了。

阿骨打针对社会的弊病也进行了一些改革。在法律方面，确立了新的法制，规定在法令上没有贵贱的差别，保留了氏族时期某些平等的东西，这样既可使平民免于沦为奴隶，又保证了国家的兵源。他还规定对犯人刑、赎并行。为了提高女真人的民族素质，阿骨打又革除原始婚俗，严禁女真人同姓结婚。

在文化事业方面，阿骨打还让人仿照汉人的正楷字，结合本国语言创制了女真文字。他还注意学习汉族的先进文化，重用汉族知识分子，同时还注意收集各种书籍以便学习。

阿骨打在位期间采取了许多发展经济的措施：在反辽战争中，阿骨打严禁士兵掳掠；对四方降附者多加优恤，减免他们的赋税，以达到安定民心、发展生产的目的。阿骨打还实行了移民实内政策。阿骨打曾下令迁徙山西部分汉人、契丹人充实内地，命金军押送移民到浑河路（今辽宁清原东），让他们自己随便挑选住地。与此同时，阿骨打还强令女真人由内地向外迁徙，进行屯田。完颜阿骨打一系列鼓励稼穑，发展经济的政策，使得诞生于东北地区的这

完颜阿骨达陵址

个奴隶制中央集权制王朝在建国之后，获得了进一步的巩固和发展。

1123 年，完颜阿骨打攻下燕京，在班师途中，连年的征战使他积劳成疾，重病突发，次年八月去世，终年 56 岁。

元太祖铁木真

铁木真(1162 – 1227)，蒙古第一代大汗。蒙古尼伦部孛儿只斤氏族。父也速该。1206年即大可汗位，在位22年。谥号“圣武皇帝”，庙号“太祖”。他征服蒙古各部，建立蒙古帝国，为元朝的建立打下了坚实的基础。

奋发图强　统一蒙古

12世纪在蒙古大草原上，分布着很多游牧民族的部落。蒙古族部落为其中的一个。在这个部落中，又有一个叫孛儿只斤部，部中有两个强大的氏族——乞颜氏族和泰赤乌氏族。铁木真就是乞颜氏部首领也速该的儿子。

铁木真9岁时，也速该被塔塔儿部的人毒死。也速该死后，许多奴隶、属民和贵族纷纷离开铁木真和他的寡母。同时在其他一些部落的欺压下，铁木真的母亲只好带着几个孩子和仅剩下的的少数部众住在斡难河上游不儿罕山一带，过着困苦的生活。

仍担心乞颜氏族会重新振兴的泰赤乌氏族的首领带人把铁木真抓去，将他戴上木枷，送到泰赤乌部的老营，逐营巡走示众，铁木真受尽了侮辱。就在当天深夜，铁

元太祖成吉思汗

木真乘人不备逃走。

这时的铁木真暗下决心，准备恢复父亲的功业，于是，铁木真接来了弘吉剌部美貌贤惠的孛儿帖完婚，弘吉剌部赠给铁木真不少的礼物，其中有一张非常珍贵的黑貂裘。铁木真忍痛把这张黑貂裘送给了他父亲的至交克烈部首领王罕。在王罕的庇护下，铁木真开始积聚力量，收集旧部，实力日益强盛起来。

但就在他的羽毛未丰的时候，又遭到三姓篾儿乞人的袭击，铁木真兄弟和战友势单力薄。在王罕和铁木真儿时的伙伴、札达兰部的札木合的帮助下，铁木真乘篾儿乞人没有防备时大举进攻，取得胜利，找回了已有身孕的妻子，不久得子术赤，还将篾儿乞人的妇孺掠为奴婢。经过这次战争，铁木真的力量逐渐壮大起来，不少当时的旧属民又纷纷前来投奔，一些有名望的贵族也向铁木真靠拢。1192 年，在部族长联合会议上，铁木真被拥为可汗，众人无一不服。铁木真的力量大大加强了。

但铁木真清醒地认识到参加部落联盟的各支贵族，都是为了自家的利益才联合到一起的，如果没有统一的制度，很难形成一个统一的强大势力。于是铁木真建立起一套能够巩固自己统治地位的制度。他成立了一个专门保卫自己的侍卫队，然后设立了很多分管各种事务的专门机构，这些机构的负责人均为自己的心腹。通过这套制度，铁木真很快造就了一支十分强大的军队。

铁木真还运用各种机会对将士们征战、杀掠的行为进行赞扬，以便使全部落都把这些行为看成是最受人尊敬的美德。在部落舆论的影响下，铁木真掌握了一支最精锐的快速铁骑。这支铁骑不仅能够吃苦耐劳，敢于冲锋陷阵，还有严格的纪律和制度约束，这样他们也适合于大兵团活动，从而为统一蒙古奠定了基础。

此时，铁木真已不满足于自己狭小的地盘和不多的部众，但他深知，要扩张自己的势力，还必须继续依靠强大的克烈部首领的支持。就任可汗后，他立即派使臣向王罕报告此事。王罕对自己的干儿子继承汗位非常满意，欣然允许。但札木合和泰赤乌贵族则无法容忍这样一支新生力量的出现，对此铁木真分别采取暂时退却、笼络瓦解的政策。

后来，铁木真利用塔塔儿被金击败的机会，联合王罕、金兵将塔塔儿人围歼在斡里札河畔。这次战役过后，金朝授予铁木真蒙古军统领之职，提高了他的政治地位。此后，铁木真继续削弱旧贵族的权力和地位，消灭叛乱分子，巩固了自己的统治。

南宋庆元六年（1200），铁木真与王罕共同发兵攻打泰赤乌，斩其首领塔儿忽台等。接着王罕和铁木真的进攻目标转向东部富饶的呼伦贝尔草原，合答斤、散只兀部落的部众、牲畜被劫掠一空。

几年的南征北战，铁木真彻底歼灭了宿敌塔塔儿部，从此，蒙古高原富饶的东部土地和众多部落几乎全都归并在铁木真的统治之下，其势力愈益强大起来。王罕对这一新兴势力的发展过猛有所顾虑，以致在共同讨伐乃蛮部的不欲鲁汗时，轻信谣言，擅自撤军，结果反被乃蛮部截击，幸亏铁木真拼力相救，王罕才得以脱险。于是双方再次宣誓结盟。

铁木真曾为长子术赤向王罕之子桑昆的女儿求婚，结果被拒绝，双方关系再度恶化。不久，王罕父子伪许婚约，邀请铁木真赴宴，想乘机除掉铁木真。结果被铁木真识破。王罕之子桑昆又生二计，准备偷袭铁木真，但也被人连夜驰报铁木真。铁木真仓促迎敌，却因寡不敌众而败逃。

这时，王罕却与追随他的其他蒙古贵族发生了分裂。札木合、阿勒坛、忽察儿、答里台等人密议要袭击王罕，自立为王，被王罕察知后击败。答里台和蒙古巴阿邻、嫩真二部、克烈撒合夷部投归铁木真，札木合等逃向乃蛮部。正当王罕搭起金帐，设宴庆功之际，铁木真却对他发起突然袭击，击败了王罕父子。王罕逃至乃蛮边界时被乃蛮守将捕杀。其子桑昆逃到曲先（今新疆库车）后也被杀死。

消灭了以王罕为首的蒙古诸部中最为强大的克烈部及其部众，铁木真的势力大大增强了。此时，蒙古高原上唯一还有力量能与铁木真抗衡的部族只有乃蛮部了。不久，乃蛮部太阳罕统兵东进，会合篾儿乞部、

【画入归图】卷 局部 ［明］ 佚名 中国台北故宫博物院藏 76-5

【画人归图】卷 局部 [明] 佚名 中国台北故宫博物院藏 76-5

斡亦剌部以及札木合所率领的泰赤乌等残部，共同进攻铁木真。

在双方大战之前，铁木真已作好了充分的准备，他首先对军队进行了整编，按千户、百户、十户统一编组。军队的整编使铁木真的军队成为一支纪律严明、高度集中的武装力量。最终铁木真依靠这支军队，击败了乃蛮部落，统一了蒙古草原。

建立帝制　伐夏灭金

1206年，在蒙古族会议上，铁木真被推举为“成吉思汗”，意为“全天下之皇帝”，国家名称为“大蒙古国”。为了治理好这个国家，成吉思汗开始创立一整套较为完备的国家制度，来取代过去松散的部落联盟，为他能有效地控制这个新兴的帝国服务。

成吉思汗根据草原民族的特殊情况，借鉴金朝的制度，将自己的部众共分为95千户（金代称为“猛安”）。千户之下，又分为百户（金代称为“谋克”）、十户等单位。成吉思汗任命自己的亲信为各千户之长来管辖手下的民众。而千户组织本身，又是军政合一的单位，平时游牧、行猎，战时组织军队出征，从而保证了蒙古帝国在军事力量上的强大。

此后不久，成吉思汗又以口谕的形式，颁布了蒙古帝国的最高法典——大札撒。后来人们将其记录下来，断事官和其他行政官吏处理司法及日常政务时主要依靠这些文字。“大札撒”被此后的蒙古诸汗及元朝诸帝奉为不可违犯的法律准则。

成吉思汗建立起蒙古帝国后，封赏了他的亲族，以及那些跟随他出生入死、浴血奋战多年的部众们。对于他的亲族而言，封赏的不仅是财产、权力，而且，成吉思汗希望通过封赏，来避免亲族之间为争夺利益而产生不必要的分裂。随着蒙古帝国在对外战争中不断扩大，受封的人数也在不断增加。这种制度得以长期保存，遂成为蒙古帝国及元朝颇具特色的一种制度。

成吉思汗在统一了大草原，建立蒙古帝国之后，并没有高枕无忧，尽情享乐，而是把进一步扩大帝国的势力作为首要任务。大漠之南的金国和西夏则成了其首先攻击的目标。

成吉思汗早已谋划着进攻金国，但担心西夏从西面进行骚扰，所以他决定先攻打西夏。于是，成吉思汗在灭乃蛮后，接连三次攻掠西夏，西夏王朝受到沉重打击。西夏也转变了态度，开始臣服于蒙古并进攻金国。

蒙古与金积怨很深。完颜永济继位时，金朝政局混乱，腐败不堪。成吉思汗掌握了这些情况后，就以为祖先复仇为借口，对金朝展开了全面攻势，大败金军于野狐岭。接着又分兵四出，攻取了山西、河北、山东和东北的许多地方。而金朝依旧忙于内乱之中。

长期的内忧外患已使金朝国力衰竭。为躲避蒙古的压迫，金朝只得迁都河南汴京。恰在这时，金国阻止蒙古派往南宋的和平使节的事件使成吉思汗非常气恼，他再次下令策马南进。蒙古军逼近中都并将其包围，中都附近州县守将和官员纷纷投降，前来救援的金军均被击溃，留守中都的金军主帅也弃城而逃。蒙古军进占中都后，驻在桓州的成吉思汗派失吉忽秃忽将中都府藏尽数运走。

西征强国　壮志未酬

成吉思汗在征服西夏的同时，还使位于西域的畏兀儿、西辽及哈剌鲁等国归降了自己。这样，蒙古帝国在向西面扩张势力时，就与这里的另一大强国——花剌子模国相遇。

花剌子模国君主摩诃末沙志骄气盛，也打算征服中国创建一个世界帝国。由于盛传该国之军力极强大，财富颇丰厚，成吉思汗打消了向西扩张的念头，而决定与其和睦相处。

1218 年，成吉思汗先后派出使者及商团前往花剌子模国，进行友好交往。但是，花剌子模国的君臣们并没有将蒙古帝国放在眼里，摩诃末沙对成吉思汗的使者傲慢无礼，他的大将亦难出又因贪财而不顾两国关系的重要，尽杀蒙古商团的商人，抢夺其财宝。成吉思汗派去指责摩诃末沙的三个使臣，为首的被杀，其余二人被剃去胡须驱逐出境。

感到威严受损的成吉思汗勃然大怒，他登上山巅，祈祷了三天三夜，求神灵佐助，决定不惜一切代价，灭掉花剌子模国。

1219 年，蒙古大军开始了西征之战。除了讹答剌城的守军顽抗之外，蒙古军的西征，几乎没有遇到什么挫折，长驱直入。第二年，成吉思汗大军越过铁门关，兵分三路。一路为大将哲别、速不台等所率精锐，专门负责追击正在逃跑的摩诃末沙。哲别由你沙不儿（今伊朗霍腊散省内沙布尔）、志费因（今伊朗霍腊散省札哈台）、讹答而（今伊朗马赞德兰）诸处，直追到剌夷（今伊朗德黑兰之南）；速不台则由徒思（今伊朗霍腊散省马什哈德北）、哈布商（今伊朗霍腊散省古昌）、担寒（今伊朗马赞德兰省达姆甘）诸处，追至剌夷，与哲别会师，而后追至哈马丹（今伊朗西部）。

被蒙军追得四处逃窜的摩诃末沙最后病死在宽田吉思海（今里海）中的一个小岛上，死时仅以一件衬衣裹尸。成吉思汗自率一路军马，攻打忒耳迷（今乌兹别克斯坦共和国铁尔梅兹）等地，而命拖雷率另一路军马攻打呼罗珊诸城邑。拖雷率军连克马鲁（今土库曼斯坦共和国马雷）、徒思、志费因、奈撒（今土库曼斯坦共和国阿什哈巴德东）、你沙不儿、也里（今阿富汗赫拉特）诸城，烧杀抢掠一番后挥师而还，又同成吉思汗用半年的时间攻克塔里寒寨（今阿富汗木尔加布河上游之北），将其居民全部杀死。

5 年的征战，花剌子模国的众多城市被毁为废墟，军力殆尽，已不足与蒙古帝国相对抗。成吉思汗在各重要城镇设置人员统治该地之民众，后回师蒙古大草原。

宝庆二年(1226)，成吉思汗再次对西夏用兵。由于成吉思汗在射猎野马时再次落马受伤，蒙古军被迫驻营休息。皇子、大臣们劝年迈的成吉思汗暂时后撤，成吉思汗不听，又派遣使臣到西夏责其不派兵随从西征且出言不逊之罪。接着，继续攻打西夏。成吉思汗见西夏指日可灭后，于宋宝庆三年(1227)正月率军南下进入金境，攻陷临洮府和洮、河、西宁、德顺等州，同时还派遣一支部队进入宋境进行掠夺。四月，驻军于六盘山。六月，继续向南进兵，至秦州清水县。

宋宝庆三年(1227)七月，成吉思汗身患重病，一卧不起。他自知死期临近，便召三子窝阔台、四子拖雷于枕边，叮嘱兄弟之间要亲密相处，并面授征服金国的策略："金的精兵在潼关，南有群山，北临黄河，很难攻破。如果向宋借道，宋与金是世仇，必定会应允，那就可以出兵唐、邓，直指汴京。金危急，必定征召驻守潼关的军队，这时我们迎头痛击远来疲军，必能大胜。"他还吩咐，自己死后要秘不发丧，以免被敌人知悉；西夏国主和居民在指定时刻出城时，要将他们全部杀死。安排完军国大事，成吉思汗就此结束了他辉煌的一生，终年 66 岁。

元世祖忽必烈

忽必烈(1215—1294)，元朝的第一代皇帝。又称薛禅皇帝。拖雷第四子，蒙哥汗弟。母亲圣太后怯烈氏。1260年即位，在位35年。谥号“圣德神功文武皇帝”，庙号“世祖”。他用武力统一了全国，奠定了元、明、清三代600多年国家长期统一的基础，同时也穷兵黩武，加重了人民的负担。

效仿汉法　革除弊政

忽必烈在小时候，就受到中原文化的影响。后来，在漠北时期，年轻的忽必烈经常同汉族士大夫在一起，在他周围渐渐形成了一个汉儒幕僚集团，他的思想意识也朝着不同于同辈皇兄弟的方向发展。

忽必烈在漠北和林时，汉僧刘秉忠就告诫他“以马上取天下，不可以马上治天下”，并与忽必烈讨论历代封建统治的经验。他还详细地论述了旧制度的弊端，主张建朝省、立法度、定官制，整饬赋税，采用汉法。忽必烈思想意识又有了很大的转变。后来儒生赵璧也奉召来到忽必烈的府下，受到忽必烈的信任。通过他们的帮助，忽必烈对中国前代王朝的治乱兴衰有了很深的认识。忽必烈不仅自己努力接受、学习汉文化，还要其他蒙古贵族跟着学。

蒙军初入中原，都以直接抢掠为主。后窝阔台任用耶律楚材进行改革，掠夺形式有所改变，但由于蒙古贵族的反对，耶律楚材的改革以失败告终。到蒙哥即位前夕，“汉地不治”的情况更为严重。蒙哥继位后有心革除积弊，但也以失败而告终了。

忽必烈在掌管漠南汉地军国庶事之后，采取了招抚流亡、禁止妄杀、屯田积粮、整顿财政等措施，并任用熟习汉法的宋金官僚、知识分子进行统治，使局面初步得到扭转。在邢州八县，忽必烈任用儒士，采取了一系列洗涤蠹弊、革除贪暴、安抚百姓的政策，仅一个月就使人口增加了10倍。忽必烈对治邢成效大有感触，更加器重儒士，又派杨惟中、史天泽、赵璧等治理河南，河南经济因此也得到了部分恢复。在漠南汉地，忽必烈严禁诸将妄杀无辜，军士如有违令，便杀以示众，从而安定了当地民心。对掳获的战俘，也多释放。另外，为了筹备进攻南宋的军粮、军费，忽必烈还十分注意屯田，并在邓州设立屯田万户府。不久，又在凤翔屯田，并以盐换粮，供应军饷。在京兆（西安）设立交钞提举司，印发纸钞。这样，忽必烈逐渐控制了当时蒙古政权在中原汉地的很大一部分财权。

元世祖忽必烈

忽必烈在漠南汉地所实行

的一系列措施，使中原地区得到了初步的治理，人户逐渐增加，经济慢慢地恢复起来，他的威信也树立了起来。同时，他在治理陕西、河南过程中积聚了大量的财力、物力，形成了对蒙哥汗权的威胁。不久，蒙哥借口忽必烈刚打完仗，又患有脚病，解除了忽必烈的兵权。忽必烈为避嫌疑，听从姚枢之计，把妻子、儿女送到汗廷作人质，并且亲自谒见蒙哥汗以表明自己心无二志。兄弟相见后，蒙哥也疑释顿消。而忽必烈也撤销了设在邢州、陕西、河南的机构，调回了自己派出的官员。这样，忽必烈以谦恭忍让保全了自己，避免了一场不测之祸。但是，他并没有放弃控制中原汉地的雄心。后来，蒙哥因塔察儿军事失利，再命忽必烈重率左路军征宋，忽必烈再次控制了左路军的大权。

武力夺位　兴兵灭宋

1259年秋，忽必烈率军入大胜关，在黄陂大败宋军，直达长江边。这时，忽然得到蒙哥在蜀中伤重身亡的噩耗。九月，宗王穆哥又正式遣使劝忽必烈一同率军北还争夺大汗之位。忽必烈却认为，奉命出征，不能无功而返，于是仍兵分三道，一举渡过长江，然后强攻鄂城。宋军也已得到蒙哥战死蜀中的消息，士气大振，防守愈严，忽必烈久攻不克。是时，蒙哥任命留守都城和林的幼弟阿里不哥，亦已得知蒙哥的死讯。于是，遣其亲信阿蓝答儿等人四出征兵，为其争夺汗位作准备。阿蓝答儿负责征集漠北诸部之兵，脱里赤则征兵于漠南，形势十分危急。

正在焦急不安的急必烈忽然得到妻子察必有关草原的政治变动的报告，立即对局势有了清醒的认识，又恰逢宋朝奸相贾似道遣使前来求和，忽必烈遂借讲和之机撤兵，并随后亲率大军火速赶回燕京，准备同阿里不哥争夺大汗之位。

忽必烈回到燕京后，立即制止了脱里赤征括军队的行动，并将已经征集起来的军队遣散。次年三月，忽必烈回到开平府，并按照蒙古推举大汗的习俗，召开库里台大会，宣布即位，并颁布诏书以告天下。不久，阿里不哥也在其支持者的拥立下，于按坦河称大汗。

忽必烈称帝之后，首先对中原政局加以控制，设立中书省，以掌大政；派遣近臣至陕西、四川诸处任宣抚使，经略其地；又派粘合南合、张启元等至西京，以掌山西政局；不久，再恢复曾被蒙哥罢掉的十路宣抚司，以赛典赤、宋子贞、张文谦等得力部下任宣抚使，出镇中原各地。此外，忽必烈还仿照此前中原各王朝的典制，以“中统”为号，设立纪年。

1260 年七月，忽必烈亲自率军，北讨阿里不哥。1261 年冬，南北两军展开激战。阿里不哥军大败，退回漠北。此后众叛亲离，再也无力向中原发动进攻。而忽必烈又派军队收复了和林，并取消其都城地位，将其降为行省，作为统治漠北大草原的一个中心。1264 年七月，无法维持统治的阿里不哥在漠北率其部下投降。忽必烈乃下令，将其亲信不鲁花、忽察、秃满、脱火思等人处死，赦免了其他诸王。

1271 年十一月，忽必烈宣布将“大蒙古”国号改为“大元”，征服南宋，一统天下则成了他的下一个目标。

此时的南宋朝廷，已经被奸臣贾似道搞得一片混乱，腐败不堪。忽必烈于是抓住机会南征宋朝，没过多久，南宋重镇襄阳就被元军一举攻破，这等于一脚踢开了南宋的大门，此后，元军一路南下，横扫大江南北。宋帝山穷水尽，只好上表投降。后来宋帝被送到上都，废去帝号，封为瀛国公。

忽必烈继续派兵攻打宋的残余势力，大败文天祥、陆秀夫、陈宜中等。至元十六年(1279)二月，南宋的最后据点崖山被攻破，陆秀夫抱着年仅 9 岁的小皇帝赵昺投海而死。至此，南宋灭亡。

承宗改制　穷兵黩武

忽必烈由于受到中原文化的影响，故而他的各种重要政治举措与原来蒙古帝国的各项举措有极大的不同。

首先，忽必烈仿照中原王朝的旧制，设立纪年之号，设立中书省、行省及各路宣抚司、宣慰司等行政机构。而行省之丞相、平章政事及各路宣抚使、副使等人，则负责各地之政务。此外忽必烈又设立枢密院，专掌全国之军务；设立御史台，专司大小官吏的监察之责。同时又设置了其他各级官僚机构，使国家机构日渐完备。

明定皇储是忽必烈的又一个政治措施。蒙古国时期没有明确的立储之法，往往在大汗临终之时才确定新的汗位继承人。但是，遗训也不足为凭，仍要经过贵族大会“库里台”的推举，即位者才能成为合法的大汗。这种不明立皇储的旧制，多次引起蒙古贵族内部的激争。有鉴于此，忽必烈在即位后不久，就明确了设立皇储的意向，1273 年，正式册封次子真金为皇太子，作为皇位的惟一合法继承人。但因皇太子真金中年死亡，这一重要制度又由于种种原因而未能延续下来，乃导致元代中期蒙古皇族各支系间的火并连年不断，政局长期动荡不安，从而严重削弱了元朝帝国的统治力量，大大缩短了元朝的寿命。

为了加强中央集权，忽必烈还采取措施大力削弱诸王勋贵及汉人世侯的权力。忽必烈通过强调君臣尊卑的等级观念，打破黄金家族平均共权的旧俗，建立了一个大汗至上的宗室金字塔式的秩序。在军队方面，则通过定军籍、建都府、解重兵，把诸王草原领地的军权全部削夺。

忽必烈在禁止诸王私自断决民间狱案的同时，又从税收、领民关系、食邑官任命等方面，削夺诸王在食邑的实力基础。此外还借平叛之机先后肢解了几个势力雄厚的诸王领地，诸王也没有能力对中央构成威胁了。

蒙古统治者要在中原地区建立长久的统治，就不能不依靠中原地主阶级的支持，而且所命之官准许世袭。而这些逐步掌握了蒙古统治区的地方政权的汉人被称为世侯。这些世侯渐渐形成了与中央集权相对的离心力，构成了对元廷统治的严重威胁。忽必烈看出了这一问题的危害，一方面迫使汉人世侯交权，一方面制定措施，彻底削除了汉人世侯的势力。

忽必烈确定了“以农桑为急务”的施政方针，在全国范围内采取一系列恢复与发展农业生产的措施。至元二十四年，忽必烈下诏将大司农司编定的《农桑辑要》颁行全国。

忽必烈提倡汉文化，倡导儒学，他兴办学校，大量征用汉族儒生学者，保存颁刻典籍及制订蒙古新文字。忽必烈还在上都重建孔子庙，从而确立了儒家思想在元朝意识形态领域的统治地位。在忽必烈大张旗鼓地推行汉法的同时，继续保留了许多采邑、蓄奴等蒙古旧制。还继承和推广了民族压迫政策，把全国各族人民分为蒙古、色目、汉人、南人四等。

忽必烈晚年穷兵黩武，肆意挥霍。从至元三年到至元十年，忽必烈为宣威海外，连续5次派使去日本劝谕遣使来朝，被拒绝后先后两次大举入侵日本，但均遭失败。先后两次派兵入侵安南，也因遭到了安南军民的顽强抵抗而被迫退回。

至元三十一年正月，80岁的忽必烈逝世。葬起辇谷。

明太祖朱元璋

朱元璋(1328—1398),明朝的建立者。又名兴宗,幼名重八,字国瑞。濠州(今安徽凤阳东)人。父名朱世珍,母陈氏。1368年即帝位,在位31年。谥号“高皇帝”,庙号“太祖”。朱元璋有勇有谋,先后击败各路义军,后挥师北上,推翻元朝,建立了一个统一的明王朝。

安身寺庙　投奔义军

1328年九月十八日,在安徽濠州钟离县太平乡一个贫苦农民家里,朱元璋降生了。

1344年,淮北地区大旱,蝗虫横飞,瘟疫横行。朱元璋的父母和大哥都死于瘟疫中,17岁的朱元璋在走投无路的情况下,想起父母曾在皇觉寺许过愿,让自己长大后舍身当和尚,就去了皇觉寺中,剃度为僧,整天在寺里扫地、上香、打钟。

可是好景不长,由于灾情严重,皇觉寺不久也无米下锅了。没办法,师父、师兄们一个个只好出门做游方和尚。进寺刚刚几天的朱元璋也只得加入了化缘讨饭的队伍中。1348年,朱元璋又回到皇觉寺内,然而物是人非,寺内已空无一人,朱元璋便留下暂作了皇觉寺的主持，聊度人生。

1351年，红巾军起义爆发，农民起义的烈火迅速燃遍大江南北。1352年二月，郭子兴在濠州起义，自称节制元帅。不甘清静的朱元璋于是收拾行装离开皇觉寺，到濠州去投奔郭子兴。

明太祖朱元璋

朱元璋入伍后，每次战斗都身先士卒，一马当先，加上他又识得一些文字，深受郭子兴的赏识，不久，便把自己的养女嫁给了他，此女即后来的马皇后。这样一来朱元璋就成了元帅郭子兴的女婿，身价地位顿时猛增，兵士亦另眼看待。

1353年的春天，再次立有大功的朱元璋为了壮大军事力量，征得郭子兴的同意，回到阔别多年的家乡，募集兵马。小时候的伙伴徐达、周德兴等700多人纷纷来投，郭子兴大喜，升朱元璋为镇抚总管，并将所募700人交给他统率。手握兵权的朱元璋经与徐达密议，并征得郭子兴的允许，带领一班人马南下定远去开辟地盘。

1354年春，朱元璋与徐达等率兵来到定远，计降张家堡驴牌寨地主武装3000人，又乘胜收降了定远另一股武装横涧山的“义兵元帅”缪大亨、缪降，又扩充军队2万人。不久，又有冯国胜、冯国用两兄弟来投，朱元璋见二人熟读兵书且有谋略，便收为谋士。

1355 年春，刘福通等迎立韩林儿称帝，号小明王，立国号“宋”。不久郭子兴去世，韩林儿任命郭子兴之子郭天叙为都元帅，妻弟张天佑为右副元帅，朱元璋为左副元帅。在攻集庆之战时，郭天叙与张天佑全部阵亡，于是，朱元璋又被提升为大元帅，统领原郭子兴部。

1356 年春，朱元璋亲督水陆诸将攻取金陵。朱元璋在城外大败并收降陈兆先部 3 万余人，还在降卒中挑选 500 人带到自己的营房，让他们环榻而寝。朱元璋脱下战袍，一觉睡到天亮。这 500 人见朱元璋对他们如此信任，于是在攻金陵时奋勇杀敌，在很短时间就杀死元守将福寿，攻下金陵城，水寨元帅康茂才和军民 50 余万归降。小明王韩林儿又任命他为江南等处行中书省的左丞相。同时，朱元璋改金陵为应天府。

大败友谅　消灭士诚

随着起义战果的不断扩大，各路义军为了争利也由原来的盟友变成对头，在朱元璋的周围，盘踞着陈友谅、张士诚、方国珍、陈友定等割据势力，其中陈友谅部的势力最大，成为朱元璋扩张势力的最大障碍。

1360 年五月，陈友谅以祝贺胜利的名义派人去江州杀死了徐寿辉。他估计应天指日可下，就以采石五通庙为行殿，草草即了皇帝位，改国号为汉。随后盛食厉兵，约张士诚夹攻朱元璋。陈友谅当时的势力相当强大，光战舰就有百余艘，且兵众士广，杀气腾腾。消息传到应天府，文武官员都惊慌失措，主战主降各执一词，只有刘基镇定自若。刘基对形势仔细分析，指出友谅必败，并和朱元璋定下了伏兵智取陈友谅的谋略。

但如何使陈友谅进入埋伏圈令朱元璋头疼不已。突然，他想起了一个人，这就是他早年招降的元水军元帅康茂才。康本是陈友谅的好友，但归顺朱元璋后，深得器重和宠信，他早有报答朱元璋之意，只是没有机会。此时，朱元璋将他找来，告知了他这次行动的计划，他非常痛快地接受了任务，遵照朱元璋的指令，康茂才派一个亲信将其亲笔信秘密送给“老友”陈友谅，约他里应外合，早日拿下应天府。深信不疑的陈友谅迫不及待地率主力直奔龙江，没有见到康茂才的踪影，方知受骗中计，急令舟师转移。但此时为时已晚，朱元璋的伏兵早把陈友谅部团团围住，水陆并进，把陈友谅苦心经营的精锐部队打得丢盔弃甲，死伤无数，落荒而逃。张士诚见状，果然未敢轻举妄动。接着，朱元璋又挥师攻下安徽，收复江西等许多州县，扩大巩固了胜利战果。

三年后，陈友谅倾其全力，统兵60万包围洪都，以报龙江之仇。朱元璋亲率20万大军救援洪都，逼陈友谅退至鄱阳湖，并用火攻之计将陈友谅的战船焚烧殆尽。陈友谅在逃跑之中也中箭受伤，不久死去。

消灭了势力最强、野心最大的陈友谅后，朱元璋又挥师东进，征旗直指雄据东方的张士诚。张士诚本是个盐贩子，胸无大志，只图保住一块地盘尽情地享乐，甚至打仗时还带着舞女作伴解闷，完全丧失了战斗力。他的手下大多也是如此，毫无进取之心。对于张士诚，朱元璋不急于一下子将他消灭掉，而是分三个阶段对其围攻：先攻苏北和淮河下游地区，然后取湖州、杭州，最后南北夹击，攻破平江。

朱元璋一边围攻张士诚，一边遣使去迎小明王到应天，半路又将其淹死于江中，为以后的登基除去了一个绊脚石。同时，朱元璋还制服了浙江的方国珍，平定了福建的陈友定，又乘胜南进攻克了广东、广西。中国南部除四川、云南外，全部都处于自己统治之下，而后，他不失时机地调集精锐部队北伐，与元朝政权展开了最后的大决战。

元朝政权虽然依靠地主武装，于至正十九年攻陷了宋政权都城汴梁，镇压了北方红巾军，但它的统治基础趋于瓦解，且内部派系林立，矛盾重重，早已是摇摇欲坠，不堪一击了。朱元璋亲自制定了一个先取山东，后取河南，再攻潼关，最后进军元大都的策略。至正二十七年十月，徐达、常遇春率 25 万大军推进到山东，平定了山东全境后，继而兵分两路，又胜利进军河南，所向披靡，元朝将领纷纷归附。至正二十八年(1368)三四月间，北伐军包围元大都的战略已告完成。

坐守城中的元顺帝眼看援军无望，孤城难守，慌忙带后妃、太子北逃。八月，徐达率领大军攻进大都，元朝宣告灭亡。

就在北伐军顺利攻克山东的时候，朱元璋在应天称帝，国号大明，建元洪武。

律明政清　设立锦衣

朱元璋统一全国后，认为制定法律、以法治国为大明朝的当务之急。经过长期的实践和总结，朱元璋在洪武三年正式颁布《大明律》。

《大明律》简于《唐律》，严于《宋律》。《大明律》规定“谋反”“谋大逆”者，不管主、从犯，一律凌迟，家族之中，只要年满 16 岁的都要处斩。对有贪赃罪的官吏，一律发配到北方荒漠中充军。官员若贪污赃银 60 两以上，即斩首示众。

朱元璋带头实行法律，而且执法相当严格。他的女婿、驸马都尉欧阳伦，不顾朝廷的禁令，向陕西贩运私茶，被河桥巡检司的一位小吏告发。朱元璋立即下令赐死欧阳伦，并表扬那位小吏。开国功臣朱文正是朱元璋唯一的亲侄，也由于违乱法纪而被罢官。开国功臣汤和的姑夫因隐瞒常州的土地，不纳税粮，也被朱元璋依法处死。

朱元璋当政期间，公开处理了几起大贪污案，其中以郭桓案最大。郭桓案发时为户部侍郎。洪武十八年，御史余敏告发郭桓等人贪污舞弊，吞盗官粮。朱元璋命令司法部门依法严加追查，结果致使近万人被杀，几万官吏受到牵连，逮捕入狱者不计其数。

朱元璋还把自己身边负责警卫事务的亲军都尉府（前身是拱卫司）改为锦衣卫，授予他们侦察、缉捕、审判、处罚罪犯的一切大权，让他们监视大臣、百姓的言行，并在锦衣卫内设立了特殊的法庭和监狱。这样，锦衣卫实际上就变成了专为皇帝服务的特务机构。

朱元璋在位期间，街巷路途常常有锦衣卫出现，他们严密监视着朝野内外、文武官员的活动。吏部尚书吴琳已告老回到自己的家乡，但朱元璋对他仍不放心，便派特务到吴琳家乡去侦察其活动。特务来到稻田，只见一个农民模样的老人从小凳上站起来，便上前问道："这里有个吴尚书吗？"老人回答："敝人便是。"朱元璋听了特务的这一报告才对吴琳放心了。大学士宋濂一次在家设宴招待客人，第二天朱元璋问他昨天请客吃的什么，喝的什么。宋濂如实做了回答。朱元璋笑着说没有骗他。国子监祭酒宋讷一天在家暗生闷气，监视他的特务竟把他当时的样子画了下来上报皇上。第二天朱元璋问宋讷昨天为什么生气，宋讷照实做了回答。他吃惊地问朱元璋如何知道此事？朱元璋将画像递给他，他展图一看，方才醒悟，慌忙磕头谢罪。

加强集权　除奸戮功

明朝建立之初，制度基本沿袭元朝。在实践中，朱元璋渐渐感到，现行的政治体制潜伏着十分严重的危机。特别是一人之下，万人之上的中书省的丞相，由于掌握着行政大权，最为朱元璋所担心。

洪武九年，朱元璋首先废除了地方上的行中书省，改设承宣布政使司，简称布政司。布政司设有左、右布政使各一人。他们只负责落实朝廷的命令，其权力范围也只限于民政和财政。同时，地方上还设置了管理军事的都指挥使司和管理司法的提刑按察使司。三个机构既独立，又相互牵制，都直接听命于朝廷。

实现了对地方行政机构的改革之后，朱元璋又开始集中精力于中央政府机构的改革，目标首先指向中书省。

本来中书省在中央的各个权力机构中位置最高，其行政长官左、右丞相又负有统率百官之责。明初的第一任左、右丞相分别是李善长和徐达。后来胡惟庸继任丞相，更加促使朱元璋下决心废除丞相制。

胡惟庸是定远人，是淮西集团中的重要人物之一，是开国第一号功臣李善长的女婿，他依仗着李善长这个后台当上了左丞相。胡惟庸在朝中大权独揽，独断专行，网罗党羽，培植亲信，收受贿赂，打击异己。

胡惟庸如此胡作非为，危及了中央政权。权力欲极强的朱元璋下决心寻找机会来除掉这个心腹大患。一天，胡惟庸的儿子乘马车在南京城里招摇过市时，不小心摔死于车下，胡惟庸以车夫抵命。朱元璋知道后十分气愤，非要胡惟庸偿命不可。胡惟庸请求，以向车夫家人赔偿金帛了事，朱元璋坚决不准。胡惟庸于是起了谋反之心。

洪武十三年正月，胡惟庸诡称京宅井中涌出醴泉，请朱元璋去观看。信以为真的朱元璋匆匆出西华门观看。途中，被内使云奇所阻。心感奇怪的朱元璋忙登城，望见胡惟庸宅第中绕有兵气，知系谋逆，即发羽林军逮捕胡惟庸，将其抄家灭族。同时宣布撤销中书省，罢除丞相，朝政由吏、户、礼、兵、刑、工六部分理，直接对皇上负责。并且规定，后代皇帝不得再立丞相，大臣中如果有奏请再立者，处以重刑。

胡惟庸被诛后，朱元璋顺藤摸瓜，借题发挥，将那些行为跋扈的、心怀不满的、危及皇家统治的，统统罗织为胡党罪犯，处死抄家。

胡惟庸案株连蔓引，先后持续了数年。洪武二十三年(1390)，朱元璋再兴大狱，又杀了几十家公侯官员。这样，整个胡案前后共杀掉了3万多人。连位居“勋臣第一”的77岁的李善长，也以天有星变，须杀大臣应灾为由，全家70多口人全部伏诛。

朱元璋在继废中书、罢丞相之后，又对中央监察、审判机关进行了一系列的改革和调整。洪武十五年，朱元璋将御史台改为都察院，下设13道，110名监察御史。

其职权是纠劾百官，辨明冤枉。大臣奸邪，小人构党，作威作福，扰乱朝政，或是贪污舞弊，心术不正，变乱祖制都在检举弹劾范围之内。

随着明王朝的建立和巩固，昔日与朱元璋出生入死的将领都成为新王朝的显贵。他们官封公侯，爵显禄厚，为此有部分人出现了骄横之气，久而久之，新政权与新贵族间的矛盾斗争也就慢慢突出了。

开国大将蓝玉，是洪武后期的主要将领。他麾下骁将十数人，威望都很高。蓝玉因作战非常勇敢并立有赫赫战功，官封凉国公。他自恃功劳大，骄傲自大，私蓄奴婢，敲榨勒索，霸占民田，殴打执法官吏，贩卖私盐，比胡惟庸有过之而无不及。

不久，蓝玉出扑西番，生擒建昌卫叛帅月番帖木儿，一心想升爵但遭到朱元璋冷眼对待。后因朱元璋未加封自己为太师，更加心怀不满。1393 年，锦衣卫告发蓝玉和曹震等计划在朱元璋外出打猎的时候乘机劫驾。朱元璋得此信，即命锦衣卫将自蓝玉以下统统缉拿殿前，亲自审讯，随后交刑部审理。蓝玉被砍头，并抄斩三族。凡与蓝玉有接触的朝臣、列侯通籍，坐党夷灭。蓝玉案先后共有 15000 人被杀，军中功高位显的元勋宿将几乎被一网打尽。

除胡惟庸、蓝玉两案外，所剩无几的功臣也先后以各种罪名被赐死、鞭死或砍头。徐达是开国功臣之一，他生背疽，这病最忌吃蒸鹅。朱元璋在他病重时偏偏赐

徐　达

蒸鹅给他吃。徐达含着泪水，当着使臣的面吃下了蒸鹅。没有几天，徐达就辛酸地离开了人世。功臣冯胜、傅友德、廖永忠、朱亮祖等也因失宠，先后被处治。只有汤和这个和朱元璋同村长大的放牛娃，知道朱元璋的心思而主动交还兵权，告老还乡，绝口不谈国事，才保住了终身。李景隆、郭英也是因早早归还佃户、田庄，才免遭杀害。

养民生息　勤俭治国

朱元璋贫农出身，对农民的艰辛有很深的了解。尤其在明初，面对着哀鸿遍野、饿殍满路的凄凉景象，朱元璋果断地采取了“休养生息”政策。他说，天下初定，百姓财力困难，就像刚刚会飞的鸟不可拔羽，才种下的树不可摇撼一样，现在必须采取这种政策。

农业是封建社会的基础。朱元璋把发展农业放在了最重要的位置上。为了保证农业第一线有足够的劳力资源，朱元璋通令全国，普通地主不得蓄养奴婢，所养奴婢一律放为良民，凡因饥荒而典卖为奴者，由朝廷代为赎身；严格控制寺院的发展，明令各府州县只能有一个大寺观，40 岁以下的妇女禁止当尼姑，严禁寺院收童僧，20 岁以上的青年如要出家，须经父母和官方同意，出家三年后还得赴京考试，不合格者遣发为民。这些政策的实施，使劳动力大幅度地增加。

朱元璋对垦荒和屯田实行奖励政策，朝廷承认百姓对所开垦土地的所有权，并免征三年田赋，个别的永不征税。朱元璋奖励屯垦的政策，收到了显著成果。1391年，全国垦田面积达380多万公顷，比1368年时增加了一倍以上；朝廷税粮的收入也随之大幅度地增长，1393年全国税粮达3200多万石，是元朝一年税粮收入的三倍；同时人口也增加了700多万。明初的社会经济出现了空前繁荣的局面。

另外，水利建设也一向为朱元璋所重视，下令凡是百姓提出有关水利的建议，地方官吏必须及时奏报。后来他还专门指示工部大臣，凡是陂、塘、湖、堰等可以蓄水泄水防备旱涝的，都需要根据地势加以修治。按照朱元璋的命令，到1395年，全国共开塘堰40007处，疏通河道4162处，这些水利工程为农业生产的发展提供了有利条件。

朱元璋还鼓励农民种植经济作物。他先后下令，农民凡有田5亩至10亩者，必须种桑、麻、棉各半亩，有10亩以上田地者加倍种植，田地再多的按比例递增。

为了刺激经济发展，朱元璋还采取了轻徭薄赋的财税政策。他规定民田一般亩征税粮为三十税一，徭役一般是在每年农闲季节赴州县服役30天。1387年，朱元璋又在全国进行了土地普查，丈量土地并绘制成册以此作为征收田赋的依据。

朱元璋非常节俭，在他的影响下，宫中的后妃也都十分注意，从不浓妆艳抹。他还不喜欢喝酒，并多次颁布限制酿酒的命令。他终生严格要求自己，勤奋好学，励精图治，为了大明的发展而费尽心血。

1398年，朱元璋病逝于西宫，享年71岁。

明成祖朱棣

朱棣(1360—1424)，明朝第三代皇帝。太祖朱元璋的第四个儿子。1402年登基，在位22年。谥号“文皇帝”，庙号“成祖”。

坐镇北平　夺位称帝

朱棣从小就生得英俊潇洒，高大魁梧，而且聪明伶俐，机智过人。朱元璋常常自豪地对朝臣们夸赞，棣儿酷似自己。朱棣也因此在自己刚满10岁的时候，就被父皇朱元璋封为燕王。洪武十一年(1378)，宫廷要为朱棣诸兄弟确定宫城制式，朱元璋特别关照说，除燕王宫殿按元朝皇宫制式外，其他各王府均不得引以为式。朱棣在父亲朱元璋心中的地位由此可见一斑。

洪武十三年(1380)，20岁的朱棣来到自己的封国北平。当时徐达奉命镇守北平，自然也就成了朱棣的老师。徐达不仅是朱棣的师长，更是他的岳父，因为早在洪武九年(1376)，由朱元璋钦点，册封徐达的女儿为燕王妃。朱棣在岳父徐达

明成祖朱棣

的精心调教下，军事理论和武艺迅速提高。

胡惟庸、蓝玉案发生后，当年跟随朱元璋开创大明王朝的开国元勋宿将几乎全被株连杀光了。这样北部防御蒙古侵扰的任务，只能由二子秦王、三子晋王和四子燕王承担了。时称他们为“塞王”。但是，秦、晋二王都先后死于父亲之前，这样只有燕王朱棣的军事实权最大。如此一来，朱棣备受朱元璋器重也就更显得合情合理，顺理成章。

当然，朱棣没有辜负父亲的期望，他在同入侵的蒙古军队交战中，屡建战功。如洪武二十三年(1390)正月，元残余势力南侵，朱元璋命令朱棣和晋王带兵北征。晋王胆怯，而勇猛果敢的朱棣置生死于度外，独自率傅友德等大将，挥师深入。行军途中正遇大雪，不少将领又主张即刻停止深入。朱棣说，正因为天降大雪，敌人才毫无戒备。他出其不意地逼近了敌营，迫使元残余势力未战而降。捷报传到京师，朱元璋大喜，说：“将来肃清蒙古沙漠者，还须靠燕王！”此后，朱棣又多次受命北征元兵，多有战功。朱棣更是威震朝野，声名远播。

朱棣权力愈盛，兵马愈强。尤其是太子朱标早死，朱元璋有意立朱棣为太子，而为众大臣所阻后，不仅使其愤愤不平，更滋长了他夺取皇位的欲望和野心。

建文元年(1399)七月五日，朱棣说朝廷出了齐泰、黄子澄等坏人，便以“清君侧”为由决定起兵诛杀他们。于是，燕王削去建文年号，自置官属，布告天下，下令讨伐。历史上著名的“靖难之役”爆发。

朱棣在军中的威望和他卓越的军事才能，为他在靖难之役中打败惠帝朱允炆奠定了坚实的基础。建文四年(1402)，朱棣攻进南京，惠帝去向不明，43 岁的燕王朱棣终于在文武群臣的拥戴下登上了皇帝的宝座，以明年为永乐元年。

发展经济　对外交流

靖难之役后，全国上下局势动荡不安，朱棣审时度势，采取了镇压和怀柔两手并用政策，以进一步巩固皇权。朱棣进京不久就展开了对惠帝朱允炆时旧臣的诛杀，齐泰、黄子澄等人首当其冲，先后一一被诛族。其他旧臣陆续被捕后，略有反抗，就会惨遭迫害，或是被击齿，或是被割舌，或是被断手削足，有的甚至被杀后，还被诛灭三族。

为了加强对朝野内外的控制，朱棣于 1420 年设立了东厂，任命宦官主持。东厂与锦衣卫的结合，开明代阉宦特务政治之先河。

剿灭旧党后，朱棣为了加强北方的军事力量，防止外寇入侵，在深思熟虑后，决定迁都北平，并于 1406 年开始营建北京城。1420 年，北京城竣工。1421 年，朱棣率群臣迁都北京。

朱棣即位后，徐皇后曾劝谏，“南北征战，兵民疲惫，此后宜与民休息。所有当世贤才，都是高皇帝所遗，不要分新旧”。朱棣采纳了徐皇后的建议，在严厉镇压部分反抗的旧臣同时，对跟随他夺位的文武功臣，都给予了提拔重用；对朱允炆的故吏，只要能够真心归附新朝，朱棣也有选择地量才录用。

安定团结的政治局面，为经济的发展奠定了基础。朱棣在经济上继续推行朱元璋的休养生息、移民屯田和奖励垦荒等政策，努力恢复和发展被战争破坏了的社会生产。随着农业的繁荣，手工业和商业也取得了长足的进步。造船业也有了相当大的发展，当时所造的航海船，最大的长 44 丈，宽 18 丈，可乘载 1000 多人，并备有航海图和罗盘针等先进的航海设备，成为当时世界上最先进的造船国家。

朱棣还十分重视发展文化事业，并注重对文化典籍的搜集整理工作。1403 年，朱棣授命解缙组织编纂《永乐大典》，并先后调集 3000 多人参与了这项浩大的工程。1407 年，历经 4 年的《永乐大典》终于编纂完成。该书拥有 22937 卷，约 37000 万字，成为当时世界上最大的分类图书之一。朱棣亲自为本书赐名并作序。可惜后来八国联军入侵北京时，此书大部分惨遭焚毁，幸存的几部也被侵略者劫往了国外。

1405 年，朱棣派太监郑和率领 27800 多人的船队，带着大量的丝织品、茶叶、瓷器等，分乘 62 艘海船，自刘家港（今江苏太仓浏河镇）启航，直抵占城（今越南），然后往南到达爪哇、苏门答腊（今印度尼西亚），再往西到达满剌加（今马来西亚）、古里（今印度南部）等地。自此之后，郑和又在29年内七下西洋，先后达到东南亚、印度洋沿岸、非洲东海岸等30多个国家和地区。每到一个国家，他们都以明朝使节的身份，向当地首领赠送朱棣的礼品，表达建立邦交、发展友好关系的诚意，并邀请他们来中国访问。此外，他们还同当地进行贸易，用带去的物品换回了象牙、珍珠、珊瑚、香料等物品。人们称大明船队为“宝船”。

郑和七下西洋，不仅对外宣扬了大明王朝的国富物阜，推动了对外经济贸易的交流和发展，重要的是它为明朝认识世界了解世界打开了一扇窗口。

安定边防　五征漠北

朱棣荣登帝位的方式我们不敢苟同，但我们必须承认的是：年富力强的他的确是一个治国安邦的有为之君。明成祖朱棣即位以后，继承朱元璋的未竟之志，以通好和防御两种策略巩固和发展了大明朝多民族国家的统一事业。

1403年，朱棣派使臣招抚女真各部，女真各部的首领相继归附。朱棣还在开原（今属辽宁）设立马市，同海西、建州两部进行交易。同时，发给女真酋长许可证，允许他们每年到指定地点做买卖。明成祖在位期间，女真族都按时入贡，与明朝和睦相处，友好往来。

后来，朱棣继父亲在辽阳建立辽东都指挥使司后，又下令设立了奴儿干都指挥使司，并在当地先后设置了370卫，20所，任命当地部族酋长担任卫所官员，且代代承袭。为了便利运输军需、贡赋物品和传递公文，朱棣下令在元代驿站的基础上，扩建、新建驿站，延长或新辟线路。朱棣还加强了同西藏人民的经济、政治、文化上的交流；设立了贵州布政使司，同西南地区人民友好往来；进一步加强了对西域的控制。

尽管朱棣在发展同各民族关系过程中做出了积极贡献，但真正显示其雄才大略的是他五次远征漠北所建立的不朽功绩。

永乐八年(1410)春，朱棣率师北征，命户部尚书夏元吉辅皇长孙朱瞻基留守北京，接运军饷。自领王友、柳升、胡广、杨荣等武将文官，督师50万出塞。五月，正是北方盛暑，兵行沙漠，挥汗如雨，明军只好日宿夜行。六月，朱棣率兵马赶到飞云壑，侦悉鞑靼部臣阿鲁台的住处，朱棣便遣使持敕谕降。阿鲁台假装投降，暗中自率精兵杀来。朱棣闻使还报阿鲁台降附，登高东望，只见数里之外，千军万马飞驰而至。他不禁怀疑，阿鲁台既言来降，为何又带此重兵呢？即命将士严阵以待。当阿鲁台赶到阵前，果然不出所料。朱棣命令铳矢齐发，正好射中阿鲁台的马头。阿鲁台顿时人仰马翻，等到被部将扶起，兵马早已乱了方寸，四下逃窜，

【画入归图】卷 局部 ［明］佚名 中国台北故宫博物院藏 76－6

【画人归图】卷 局部 [明] 佚名 中国台北故宫博物院藏 76-6

阿鲁台只好换马携家属远逃。朱棣见天气太热，也不远追，即命班师回京。

此后，朱棣又先后于永乐十二年(1414)、永乐二十年(1422)、永乐二十一年(1423)四次亲征漠北。朱棣数次发动对蒙古贵族的征战，虽有效地防御和打击了其侵扰，但也确实耗费了大量的人力财物。第三次出征，仅运输粮草一项，就用驴34万匹，车17．75万辆，民夫23．5万多人，计运粮3．7万石。户部尚书夏元吉、兵部尚书方宾等朝廷重臣力谏罢兵，休养兵民，严敕边将守备。但朱棣对此非但不听，还把反对北征的朝臣逮捕入狱，有的甚至还被迫害致死。朱棣在力排众议的情势下，于永乐二十二年(1424)，又发动了第五次亲征阿鲁台的战争。

1424年正月，谍报阿鲁台又犯大同，忠勇王金忠请朱棣发兵，自愿为征虏前锋。四月，朱棣诏命皇太子监国，大学士杨荣、金幼孜从征，以柳升为中军，陈懋、金忠等为前锋，兵发漠北，再次征讨阿鲁台。

征伐大军日夜兼程来到隰宁地方，放眼百里不见敌人的踪影。朱棣方知边报不实，不免怅然。正在这时金忠部将指挥同知把里秃俘获敌哨，据称阿鲁台去年秋天听说朝廷出兵征伐，早带着部属逃到答兰纳木尔河。

朱棣顿时笑逐颜开，并督令全军快速前进，并提升把里秃为指挥佥事，直达开平。同时，朱棣派中官伯力哥往谕阿鲁台部：王师远来，只治罪阿鲁台一人，他人概不问罪。伯力哥遵旨四方招谕，但不见阿鲁台部属的踪影，无可传命。

朱棣闻报，决议挥军深入。数日后，金忠、陈懋等前锋将士一齐赶到答兰纳木尔河畔，放眼四望，荒漠漫漫，白骨累累，不仅见不到敌寨，就连车辙马迹也漫灭无踪。朱棣听了金忠的报奏，又遣张辅等穷搜山谷300里，蔓草荒烟无一放过，依然是两手空空不见伏兵踪影。张辅只好如实复命。

朱棣闻听奏报，很是踌躇。朱棣望着这漫漫荒漠，浩浩大军，空劳军师，一无所获，叹息连连，懊恼不已。但终因军粮将尽，不敢久留，只好下令班师回京。大军行至清水源，朱棣突然感到身体不适，几日后，病情猛然加重。

永乐二十二年(1424)七月下旬，朱棣率师达到榆木川（今内蒙古乌珠穆沁附近），已是气息奄奄，不可救药。朱棣料知自己将不久于人世，便召英国公张辅入内，立下遗命：传位皇太子朱高炽，丧礼一律照父亲朱元璋的遗制办理。言毕，当即与世长辞，卒年65岁。

清太祖努尔哈赤

努尔哈赤(1559 – 1626)，后金开国君主，清王朝的奠基人。属明建州左卫女真贵族塔克世家族，满族，爱新觉罗氏。父塔克世，母为佛库伦。1616年建大金国称汗，在位11年。谥号“高皇帝”，庙号“太祖”。他雄才大略，兴立基业，统一女真立后金，为清朝的建立奠定了坚实的基础。

坎坷少年　军门立功

努尔哈赤出生在一个自元朝起就世代为官的贵族家庭。到明朝年间，努尔哈赤的六世祖猛哥帖木儿被明成祖朱棣封为建州左卫指挥使，并率部落南迁到图们江下游斡木河畔（今朝鲜会宁）定居。女真部落间互相征伐兼并的事情延续不断，到努尔哈赤出生的时候，女真各部之间的争斗依然没有停息，这便给了自小就渴望建立一番功业的努尔哈赤以实现自己理想的机会。

努尔哈赤10岁的时候，母亲便因病去世了，由于继母对待他和弟弟非常刻薄、狠毒，因此，在努尔哈赤15岁那年，他就带着10岁的弟弟舒尔哈齐离家出走，投奔了外祖父王杲。

王杲由于长时间和汉人打交道，因此受汉化较深。

清太祖努尔哈赤

在祖父王杲的影响下，努尔哈赤也结识了不少汉人，并学会了汉语和汉字。努尔哈赤当时最喜欢看的两本书是《三国演义》和《水浒传》，看到精彩处，努尔哈赤常常是情不自禁地拍手称赞，也正是这些英雄事迹在潜移默化地影响着这个少年。

王杲是建州女真部落中著名的首领之一，随着自身势力的逐渐强大，王杲开始与明王朝作对。1574 年，明朝辽东总兵李成梁率兵消灭王杲屯寨，王杲及其家属被杀，机智的努尔哈赤当即跪在李成梁的面前痛哭流涕，因而被李成梁收为随从和侍卫。此后，善于骑射的努尔哈赤因作战英勇、屡建战功而深受李成梁的赏识和器重，待努尔哈赤也如儿子一般。

三年后，对外祖父被李成梁所杀而怀恨在心的努尔哈赤借口回家成亲，离开了李成梁，并在结婚后另立门户。此后在辽东地区的 6 年游历生活，使努尔哈赤的人生见识和军事才能都得到了充分的锻炼。

到了 25 岁时，努尔哈赤的祖父和父亲被讨伐女真部落的明将意外给杀害了。噩耗传来，努尔哈赤悲痛欲绝，愤然责问明朝驻边官吏，为何杀死他一向忠于朝廷的祖父和父亲。那官吏自知理亏，无言以对，只好抚慰努尔哈赤，并让他袭任祖父之职，担任现任的建州左卫都指挥使。努尔哈赤为了报仇，强忍了心中的仇恨，接受了明朝的抚慰。

报父祖仇　统一女真

原来祖父及父亲的突然丧命是因为明将受建州女真图伦主尼堪外兰的唆使而致。为替父祖报仇，努尔哈赤整点出父祖的13副遗甲，率领不足百人的部众，击败并杀死了帮助明军的尼堪外兰。此后，努尔哈赤东征西讨，势力日益扩大，万历十五年(1587)在烟筒山下建赫图阿拉城称王，并很快将整个建州女真统一在他的麾下。

努尔哈赤的崛起，成为了居住在开原以东和松花江中游一带的海西女真的心腹大患。万历二十一年(1593)九月，海西女真各部集3万兵马，分三路向建州进攻。当时，大家听说3万人马来攻建州都非常惊惧，努尔哈赤却泰然自若地对众人说："九部联军号称3万，但不过是些乌合之众；我们尽管人少，却心齐志坚，又能立险扼要，以一当十。只要先击杀他们的头目，其部属必会不战自溃。"听了这番鼓动，将士们顿时信心倍增。战斗打响，努尔哈赤身先士卒，宛如天神一般神武无敌，力斩联军首领布斋，联军没了首领，顿时溃不成军。这一仗努尔哈赤大获全胜，从此威名远震。

万历二十七年(1599)九月，叶赫与哈达两个部落之间发生冲突。哈达首领孟格布禄自知不是叶赫对手，便把自己的三个儿子送到赫图阿拉城做人质，请求努尔哈赤派兵相助。这无疑给了努尔哈赤一个出兵的良机。他即刻派费英东、噶盖率领 2000 兵马前去救援。叶赫得知哈达引来了努尔哈赤的援兵，顿时没了主意。后来有人提议将哈达收买，然后与哈达对付努尔哈赤，这样不仅可解目前之困境，还可使努尔哈赤受挫。叶赫部派人给孟格布禄送去一封信，信中极尽威胁利诱之能事，并声言如果哈达能够捉住建州派来的两员大将，叶赫将与哈达重修前好。孟格布禄还真上了叶赫的圈套，答应按其主意行事。得知此事，努尔哈赤火冒三丈，恨透了这个出尔反尔、过河拆桥的哈达，当即命令弟弟舒尔哈齐做先锋，率兵 1000 人去征伐那个恩将仇报的哈达。舒尔哈齐率军赶到哈达城下，见敌军气势正盛，不可轻易交战，便在城下按兵不动。随即赶到的努尔哈赤冒着矢石带兵猛攻，经过 7 天 7 夜的激战，终于攻克了哈达城，生擒了孟格布禄。

随后，在万历三十五年 (1607)，努尔哈赤先派精兵数十人装扮成商人混入辉发城，作为内应。然后自己亲率兵马逼近辉发城下，里应外合，一举灭亡了辉发。

万历四十年九月，努尔哈赤又亲率大军征讨乌拉。人强马壮、骁勇善战的建州兵以迅雷不及掩耳之势连下乌拉 6 城。贪生怕死的乌拉首领苦苦哀求努尔哈赤手下留情，才保住了自己的小命。努尔哈赤命令布占泰将人质送到建州，留下军士千人驻戍，遂率大军撤回。

第二年，布占泰再次背约，努尔哈赤又一次兵临城下。在来势凶猛的建州大军面前，布占泰丢盔弃甲，只身逃往叶赫。建州军击溃敌兵3万，斩杀1万，获甲7000副，灭亡了乌拉。至此，海西扈伦四部仅剩下叶赫一部了。

万历四十七年(1619)，努尔哈赤发动了攻取叶赫的战争。当时叶赫有东西两座坚固的城堡，分别由两个首领金台石和布扬古坚守。勇猛善战的叶赫兵与久经沙场的建州兵拼杀得你死我活，经过多次激战，建州兵冲入东城，叶赫人据家死守。努尔哈赤见此就传下命令：凡城内军民，投降者一概不杀。结果此令一下，叶赫军民纷纷放弃抵抗，除了首领金台石继续带着家眷、近臣躲在堡楼上负隅顽抗。努尔哈赤的兵士准备用斧子砍毁石楼，金台石见走投无路，又想放火自焚，结果建州兵士一拥而上，将他俘获，随即被下令绞死。东城沦陷，西城也乱作一团，没过多时，布扬古的堂弟打开城门投降，布扬古被迫投降后也被努尔哈赤绞死。

在统一建州和海西女真的同时，努尔哈赤对海东女真诸部也采取了征伐与招抚两手并用的策略。从万历二十六年(1598)开始，努尔哈赤从海东女真瓦尔喀部、窝集部和虎尔哈部先后向建州迁入5万多人。到万历末年，努尔哈赤统一了所有的女真部落，成为了女真部落真正的王。

创建八旗　颁布满文

万历四十四年(1616)正月初一，努尔哈赤建立了大金国，定年号为天命。这就是我国历史上的“后金”。

为了弥补建州地区的经济缺陷，努尔哈赤一方面积极发展建州地区的经济，一方面致力于发展与汉族地区的贸易。他用当地出产的人参、貂皮、东珠、马匹等特产，换回建州人民缺乏的生活必需品。为了解决湿人参容易腐烂的问题，努尔哈赤还创造了煮晒法，即把人参煮熟晒干，然后保存起来待价而沽。这样做便避免了汉商低买高卖现象的发生。仅在抚顺地区，努尔哈赤每年就获利高达几万两。

创建八旗制度，也是努尔哈赤的一大功绩。八旗制度的雏形是女真氏族公社末期的狩猎组织。那时，每逢出师行猎，氏族成员便每人出一支箭，以10人为一单位，称“牛录”，汉语是箭或大箭的意思。10人中立一总领，称“牛录颜真”。牛录颜真即大箭主。随着女真社会的不断发展，牛录组织也日益扩大，并演变成奴隶主贵族发动掠夺战争和进行军事防御的工具，但那时候它只是临时性的。努尔哈赤把它扩展为常设的社会组织形式。1601年，他把每个牛录扩充为300人，分别以黄白红蓝四色旗作为标志。由于兵力不断增加，1615年努尔哈赤又以5牛录作为一甲喇，5甲喇作为一固山，分别由甲喇额真与固山额真来管辖。每个固山还设梅勒额真2人，作为固山额真的助手。这样，原来的四大牛录便扩大为四大固山，仍以四色旗为标志，又称四旗。同时又增编镶黄、镶红、镶蓝、镶白四旗，与前面四旗合称八旗。八旗制度是“以旗统人，即以旗统兵”的兵民一体、军政合一的社会组织形式。八旗兵丁平时耕垦狩猎，战时则披甲出征。八旗旗主即8个固山额真，都由努尔哈赤的子孙担任，他们集军事统帅和政治首领的身份于一身。努尔哈赤则是八旗的家长和最高统帅，他为八旗军队制定了严密的纪律。八旗制度的实行，提高了女真的军事战斗力，也促进了满族社会的发展。

创制和颁行满文，对满族文化的发展起到了里程碑式的作用。努尔哈赤兴起后，女真族仍没有自己的文字，但因为这时的建州经常与明朝、朝鲜有公文来往，所以每次都只能让汉人用汉文书写。每逢向女真人发布政令，则先用汉文起草，然后再译成蒙古文。女真人讲的是女真语，书写却用蒙古文，语言与文字的不统一为女真社会的发展设置了层层阻碍，这便促使努尔哈赤决意创制记录满族语言的符号——满文。他命额尔德尼和噶盖承担了创制满文的任务。但他们俩都觉得女真人使用蒙古文由来已久，现在要创造自己的文字，真是困难重重，不知如何下手。

正黄旗甲胄

努尔哈赤便让他们参照蒙古文字母，并结合女真语言的发音方法及发音规律，通过拼读成句的方式，再撰制成满文。噶盖后来因罪被杀，就由额尔德尼完成了创制满文的任务。满文的创制和颁行，加速了满族社会封建化，加强了满族人民内部以及满汉之间的思想文化交流。

大败明军　迁都江阳

万历末年，明朝的政治已经腐败到了无以复加的地步，宦官把持朝政，党派之争激烈。神宗朱翊钧已20多年不问朝政，整日在深宫之间与宫女、太监厮混，“穷耳目之好，极声色之欲”，而广大人民早已不堪这种黑暗的统治，日日夜夜不停地挣扎在水深火热的痛苦生活之中。

对于明朝内部的种种暴政恶行，努尔哈赤了如指掌，并认为这为他南伐创造了有利的社会因素。那时正逢辽东女真地区灾荒严重，饿殍遍野，整个女真社会人心不稳，努尔哈赤认为这是一个南征大明的绝好机会。这不仅可以将女真人的不满情绪引向明朝，还可通过对明战争掠夺汉人的财富，来缓和后金的危机。

天命三年(1618)春天，努尔哈赤召来众大臣，向他们宣布了自己准备出师伐明的决定。四月十三日，兵马粮草准备就绪，努尔哈赤率领众臣众兵，祭祖告天，宣读了“七大恨”伐明誓词。第二天，努尔哈赤率领着千军万马浩浩荡荡向抚顺进发。青年时代的努尔哈赤经常在抚顺这个明朝边防的重镇进行贸易活动，因此对抚顺的地形了如指掌。这次，他便以3000女真人要来做生意为由，将自己的先遣部队混进了抚顺城，然后来了个里应外合，一举攻取了抚顺城。抚顺守将李永芳在毫无防备的情况下束手就擒。这时，努尔哈赤派往东州、马根单的一路大军也传来了捷报。辽东总兵张承胤闻讯率兵万人仓促来援，然而这时努尔哈赤早已带着缴获而来的大批武器辎重撤出了抚顺，并在中途设下埋伏，全歼了张承胤的援军。

抚顺、清河两地在短短时间内相继失守，全辽震动，告急文件如雪片般飞向京师，一向置国家大事于不顾只一心渴求长生不死的万历皇帝此刻也坐立不安了。他亲自颁布圣旨，交九卿科道会议辽事，并当即起用杨镐为兵部右侍郎兼辽东经略。为了进攻后金，明朝在全国加派军饷，转输粮秣，以应军需；辽东都司咨文朝鲜，胁迫其出兵，合力征讨。

万历四十七年(1619)二月，杨镐坐镇沈阳，调动十几万大军，号称47万分兵四路合力进攻赫图阿拉。这时，突然天降大雪，出师日期只得向后推迟4天。杜松和刘綎分别以大雪迷路和不熟地形为由，请求再缓行期，但骄傲自大又无谋略的杨镐只想着自己人数众多绝对可以取胜。因此在前路未明，敌我不辨的情况下置各种不利因素于不顾，仍然大举进兵。明朝十几万大军压境，后金大臣顿时乱作一团，努尔哈赤却依然镇定自若，谈笑风生。

而此时，东、北两路明军由于山路崎岖等各种原因，行军速度相当缓慢。惟独杜松一路日行百里，昼夜兼程，于三月一日来到萨尔浒。他兵分两部，一部在萨尔浒山下扎营，另一部由杜松亲自率领向东北方向的吉林崖进军。

努尔哈赤率军迎战。奉命在萨尔浒扎寨的明军，初至萨尔浒谷口便遭后金400名埋伏者的袭击，后明军又受到八旗军的拦截，还没有开始战斗，就已经锐气大挫，兵伤马毙。

随之，努尔哈赤挥师前往吉林崖。原来驻守吉林崖的后金军队见杜松率部抵达山脚，便从山上冲下来迎击。此时，皇太极率领的两骑兵马正好赶到。杜松军腹背受敌，正准备鸣旗收兵，谁知努尔哈赤率军正好赶至，挡住了明军的去路。本就士气不高的明军在经过长途跋涉之后，早已兵困马乏，腹背受敌之时便都无法支撑，这下只能是任人宰割了，没多大一会，明军尸陈遍野。明军主将杜松左右冲击，也未能杀出重围，最后矢尽力竭，落马而死。

接着，北路明军被后金的代善、阿敏和莽古尔泰打败，仅总兵马林等少数人脱逃。之后，努尔哈赤又命明军降卒假扮杜松的使者去催促东路明军统帅刘綎前来会战，刘綎立功心切，果然中计，结果落入了努尔哈赤的包围圈，由于孤军深入，难以退出又艰以救援，兵力几乎被消灭殆尽。自己奋战了几十个回合，最后力竭身亡。李如柏的另一路明军出师最晚，且行动迟缓，还没同后金交手，就接到明军辽东主帅杨镐的命令，仓皇撤军，得以保全。

征战后金的四路大军三路被灭，一路败逃。萨尔浒之战的惨重失败使整个大明朝廷震惊，万历帝在严惩主帅杨镐和总兵李如柏的同时，随即起用因党争之祸回籍听勘的前任御史熊廷弼宣慰辽东，收拾败局。

熊廷弼的到来使人心惶惶、准备外逃的百姓又安下心来，濒于溃散的军队重新焕发了斗志，一度陷于混乱的前线终于稳定下来。这一切也迫使努尔哈赤不得不谨慎从事，放慢了继续进军的脚步。

然而，明朝内部的矛盾，又给了努尔哈赤可乘之机。万历四十八年(1620)，万历皇帝病死后，刚刚继位的太子朱常洛即明光宗又因吞红丸而于继位后的一个月死于乾清宫。朱常洛的长子朱由校继承了皇位，是为熹宗。从此,统治集团内部的党争愈演愈烈。大臣之间结党营私，排斥异己，互相攻讦。熊廷弼虽然身居千里之外的边陲，但由于他性情刚直，不受贿徇私，不巴结权贵，得罪了一些奸佞之人，遂被卷入了这场政治漩涡之中，成为被攻讦的对象。忌恨他的权贵们屡次上书，以莫须有的罪名弹劾熊廷弼。他先后 5 次上疏自辩，针砭弊政要害，并请求圣上信任边吏，用而不疑。但是这时的朝政早已由魏忠贤把持，而魏忠贤肯定是不容这些正直而固执的忠臣的，因此熊廷弼被罢免，改派袁应泰任辽东经略。

而袁应泰根本就不懂军政管理，实属草包一个。他很快就将熊廷弼费尽心力整治好的辽东防务又弄得一塌糊涂。袁应泰又不分良莠，收纳了许多蒙古和女真的降兵，大量敌探乘机混入，成了后金的内应。

努尔哈赤抓住这个时机，于天命六年(1621)春发动了辽沈之战。他先于沈阳城外设下埋伏，然后诱敌出战。沈阳守将贺世贤在没有充分了解敌方的情况下，轻兵冒进，结果可想而知，不但全军覆没，自己也中数箭而亡。之后，努尔哈赤统军奋力攻城。激战之中，一些原先混入城内的女真降民突然将吊桥绳索砍断，放下吊桥，后金兵一拥而入，攻占了沈阳城。

沈阳失守，辽阳顿时门户洞开。努尔哈赤大军赶到辽阳城下时，袁应泰自知大势已去，即使此刻不被努尔哈赤所杀，亦会被朝廷重罚，遂焚楼身亡，监军崔儒秀上吊自杀。占领辽阳后，努尔哈赤随即迁都辽阳。然后指军各处，兵锋所指，攻无不克。不久，山海关已经在眼前了。

迁都沈阳　安抚蒙古

长期的激战使辽沈地区的生产破坏严重，许多人都已逃离了这个是非之地，所以这片地方已经成了荒凉之地。新迁入的八旗军民和当地汉民，都急需恢复生产以安定社会。天命六年，努尔哈赤颁布了“计丁授田”以及“按丁编庄”的命令，将大量闲废田地分给后金士兵，将所有被俘获的奴隶均编入田庄，这样便使原来的私有庄田转变为官田，使私有财产转变为国有财产，从而增加了征税的土地面积，有利于国家财政收入。以“计丁授田”和“按丁编庄”为标志，后金初步完成了由奴隶制向封建制的转变。

努尔哈赤迁都辽阳一年后，认为辽阳城面积过大不宜防守，遂另建新城，并将新城命名为“东京”。还将景祖、显祖的陵墓也迁到附近的鲁阳山上。后经过一番考察，努尔哈赤认为沈阳的战略位置不可小视，西可征明，北可攻蒙古，南可伐朝鲜，于是他又在沈阳大兴土木，并于天命十年(1625)迁都沈阳，使之成为后金新的统治中心。

明后期，蒙古逐渐形成了漠西厄鲁特蒙古、漠北喀尔喀蒙古和漠南蒙古三大部,其中漠南蒙古与后金接壤。为了消除同明军作战的后顾之忧，努尔哈赤对蒙古采取了攻抚结合、以抚为主的策略。漠南蒙古的科尔沁部曾参加以叶赫为首的九部联军，努尔哈赤尽弃前嫌，欣然与科尔沁部通婚，他的十几个儿子都先后娶蒙古王公之女为妻，同时将建州女子嫁给蒙古王公为妻。对来朝的蒙古王公，他也是礼遇有加。努尔哈赤的这些策略，对蒙古诸部首领产生了极大的吸引力，科尔沁、喀尔喀等部先后成为后金的政治同盟，同时亦成为进攻明朝的有力力量，而且也解决了一直困扰努尔哈赤多年的兵力不足的问题。

但是，以察哈尔部林丹汗为首的蒙古诸部，却一直与明朝交好，成为明朝抗金的同盟军。而明朝为了对付后金，也在极力笼络林丹汗。万历四十七年(1619)十月，林丹汗遣使给后金送了一封信，信中自称“蒙古国统四十万众的英主成吉思汗”，称努尔哈赤为“水滨三万人的英主”。但林丹统治后期骄奢无度，残暴至极，从而导致了蒙古国内部分化严重，不仅人心涣散，而且到了分崩离析的地步。他属下的一些部落将领暗中与后金来往，就连他的两个孙子也跑到后金，向努尔哈赤叩首行礼。努尔哈赤对林丹汗始终采取孤立、打击的策略。天启五年(1625)，林丹汗与后金的姻盟科尔沁部发生战争，努尔哈赤立即出兵援助，大败林丹汗。

努尔哈赤以抚为主的对蒙政策，为日后满族统一蒙古诸部奠定了基础。与蒙古交好也成为清朝历代的基本政策。

兵败宁远　抑郁而终

辽西地区的失陷使明朝政府深感国势的衰微，如果说此时能保住大明王朝不被后金铁蹄侵略的，那就只剩“一夫当关，万夫莫开”的山海关了。因此，大明王朝

袁崇焕

又一次征调全国各地的军队会集山海关，全力固守，并将积极主张抗击后金的大学士孙承宗、兵部主事袁崇焕派往关外主持军务。

孙承宗早年就对辽东的形势特别关注，对这一片的地形也较为熟悉。广宁兵败后，他曾亲赴山海关考察，否定了兵部尚书王在晋于山海关外再修关城的计划。在朝廷无人愿往山海关前线督师的情况下，孙承宗毅然自请出任辽东经略，得到熹宗同意。孙承宗上任后，重用部将袁崇焕，立即着手整饬边防。

袁崇焕本来就在边关治理边防，虽取得了一定成效，但在原来的辽东经略王在晋手下，他的许多想法都不能实现。孙承宗上任后，袁崇焕的雄才大略才得以充分发挥，他提出要固守山海关必须先守宁远的建议，要求重新修建宁远城。宁远（今辽宁兴城）地处辽西走廊中段，它依山傍海，地势险要，是由沈阳通往山海关的咽喉要塞。孙承宗采纳了袁崇焕的建议，同意修筑宁远。

努尔哈赤此时正忙于迁都，探知孙承宗在辽西严阵以待，他一直没有贸然进攻。但不久明朝内部的党争再起，满腹雄才伟略的孙承宗即便是守边有方，却也敌不过一手遮天的阉党魏忠贤，在党派之争中，被排挤出了朝廷。继任孙承宗的是魏忠贤的同党高第，高第精于投机钻营，对打仗却是一窍不通。贪生怕死的他整天想的都是如何躲在山海关之内苟全自己的性命。因此，他不顾袁崇焕等人的强烈反对，尽撤锦州等地的防务，将各城兵力强行调入山海关。孙承宗苦心经营的“宁锦防线”就这样被破坏了。只有袁崇焕坚决不撤。

而因孙承宗及袁崇焕镇守山海关后，一直愁眉不展的努尔哈赤在得知明军撤换主帅、全线撤防的消息后，喜出望外，决定立即出兵。天命十一年（明天启六年，1626）正月十四日，努尔哈赤亲率10余万八旗大军向辽西杀来。

由于锦州等地的防线尽撤，一路上，后金军队长驱直入，不费吹灰之力就占据了锦州、松山等大小城池，只剩下宁远这座孤城还由袁崇焕固守着。努尔哈赤认为，后金大军压境，袁崇焕自然没有招架之力，攻地拔城是意料之中的事情，因此他便派人给袁崇焕送去招降信，用高官厚禄引诱他献城投降。袁崇焕毅然拒绝了后金的招降，而且准备全力迎战，誓与宁远共存亡。

努尔哈赤见袁崇焕如此坚决，便亲自指挥千军万马齐攻宁远城。后金的战车、骑兵、步兵铺天盖地向宁远压来。努尔哈赤采用战车同步骑结合的战术几乎是所向披靡，不知攻下过明军多少城堡，但是在宁远城下，他们的战术失效了。

努尔哈赤指挥后金军队在宁远城下整整攻了三天三夜，部下死伤无数，他自己也负了伤，但宁远城依然固若金汤，巍然屹立。努尔哈赤知道，要想拿下宁远，必须另想他法，草率不得。在凛冽的寒风中，他带着残存的兵力撤回沈阳。

宁远之战不久，努尔哈赤又率兵征讨蒙古喀尔喀巴林部。受宁远之败的影响，喀尔喀巴林部背弃与后金的前约，转而又与明朝修好。但这仍然不能掩盖努尔哈赤卓越的军事才能和神勇无敌的英雄气概。

天命十一年(1626)，努尔哈赤因痈疽突发离开了人世。享年68岁。

清太宗皇太极

皇太极(1592 － 1643)，后金第二代君主，清王朝的缔造者。努尔哈赤第八子。1626 年即位，1636 年改国号为“大清”，即皇帝位。谥号“文皇帝”，庙号“太宗”。有勇有谋，极富开拓精神；兴利除弊，优礼汉官，发展经济，为统一全国奠定了坚实的基础。

天资聪明　屡立战功

皇太极的生母叶赫那拉氏很受努尔哈赤的恩宠，子以母贵，所以，皇太极一出生就备受努尔哈赤的疼爱。在努尔哈赤众多儿子中，皇太极是很早就接受教育的一个。皇太极天资聪慧，接触过的事物过目不忘。

由于连年烽烟不息，父兄经常出征作战，以至于在皇太极 7 岁的时候，努尔哈赤就把大部分家政交给了他。但努尔哈赤家并不是一个普通的家庭，家中人员众多，关系复杂，再加上吃穿用度日常开支这些繁多的琐事，并且当时国事和家事之间的界限并不是很清楚，要处理这样繁杂的家政，对皇太极来说是不轻的担子，但同时也是个极好的锻炼机会。而皇太极根本无须父亲多加指点，就能把繁杂的事务处理得井然有序。

1612年秋，是皇太极第一次跟随父兄出征作战，当时他21岁。也就是从此，他逐渐成为父亲麾下一员能征善战的大将，皇太极也在戎马生涯中逐渐提高自己的军事才干。

1616年努尔哈赤称帝后，将年轻的皇太极和次子代善、弟弟舒尔哈齐的儿子阿敏、五子莽古尔泰四人选定为佐理国家政务的四大贝勒，负责管理国家政务。皇太极也没有辜负父亲的期望，逐渐成为努尔哈赤身边的一位得力助手，努尔哈赤也逐渐将皇太极作为自己的继承人着力培养。

万历四十六年(1618)，努尔哈赤一切准备就绪，向明朝宣战，进兵攻打抚顺。皇太极巧献妙计，预先派军卒扮作商贩混入抚顺城，然后大军凭借夜幕的掩护兵临城下，发炮为号，里应外合，结果一举拿下了抚顺。在万历四十七年(1619)的萨尔浒之战中，皇太极不仅身先士卒，冲锋陷阵，而且献计献策，指挥若定，已俨然是一位智勇双全、部署有方的战将了。

清太宗皇太极

皇太极不仅在战场上英勇无敌，在处理政事时更是头脑冷静，果断机敏，颇有全局观念。每当努尔哈赤考虑事情不周之时，皇太极总能及时提出建议，把事情处置得更为妥贴。这一切都表示着皇太极在政治上的日趋成熟。

当时朝鲜派往后金的使者回国后向其国王反映，皇太极是努尔哈赤诸子中最为勇敢且富于智谋，是得到努尔哈赤偏爱的王子之一。

天命十一年(1626)八月，努尔哈赤病逝。经过诸兄弟子侄的共同协商，公推35岁的皇太极即汗位。皇太极推让再三后接受了众议，于九月一日登上了后金汗位，改元天聪，从此开始了人生的另一个新的旅途。

化解矛盾　发展经济

皇太极即位时，后金尽管已是大明王朝最大的威胁，但是从后金自身来说，却被“邦家未固，事局未定”的动荡气氛笼罩着，连年的对外战争，繁重的兵役负担，使得后金国的经济萧条凋敝，人民生活困苦，下层民众反战情绪较高。后金上层统治集团内部因争权夺利亦充满了勾心斗角的矛盾斗争。尤其严重的是，后金国内的满汉民族矛盾相当尖锐。

因此，皇太极一上台就着手解决尖锐的民族矛盾问题。他强调，要治理好国家，就必须先安抚民众，并且有针对性地把安民的重点放在安抚汉人上。他宣布，对满人、汉人要公平对待，不论是在政治上，还是经济上，满人、汉人享受同等的待遇。在审讯犯罪行为、承担差徭公务等方面，决不允许有任何区别。他这一观念与其父努尔哈赤歧视汉人的态度相比，具有一定的进步性。

他认为广大的汉族民众既然归属了后金，那么，他们自然应被视为后金的臣民，只有这样，才能有利于实现天下一统的政治理想。

天聪五年(1631)，皇太极颁布了《离主条例》，规定奴婢可以通过告发主人的罪行获得自由。这项条例在努尔哈赤执政期间就已颁布，但形同虚设。现在，皇太极旧事重提，并且还进行了更完善的修订，其用意就是为了遏制权贵们的跋扈，但在客观上，这对生活在水深火热中的奴婢们无啻福音。大小贵族、官吏对奴婢们的淫威不得不有所收敛，否则就会受到处罚。比如，和硕礼亲王代善的儿子硕托打死了无辜的女奴，触犯了律条，结果被罚银100两，并失去了若干牛录的属人。而许多的奴隶亦因揭发主人的罪行而重获了新生。

优待汉官，是皇太极笼络汉族上层人物的一项政策。在皇太极即汗位初期，后金国家政治机构仍然很不完善。官吏大多由满族人来担任，这些人在沙场上堪称骁勇，但对于治国安邦，经营天下却知之甚少。皇太极认为应该从富于统治经验的汉族地主阶级中网罗一批军政官员。同时，辽沈地区是后金统治的中心所在，其人口中汉族占了绝大多数，后金要稳固统治，缓和紧张的民族关系，也迫切需要任用和优待汉官以扩大统治基础。天聪五年，后金攻破了大凌河城，100多位明朝官员归降了后金。皇太极特地在内廷举行了盛大宴会款待他们，以表示自己对汉人的友好与亲近。

天聪七年(1633)，明朝将领孔有德、耿仲明等人前来归降，皇太极率领诸贝勒大臣出城10里迎接，并以满族最高的礼节——抱见礼与孔、耿等人相见。在归顺的汉官当中，皇太极擢拔了一大批人才辅理国事，如当时著名的汉臣范文程、鲍承先、高鸿中、宁完我等人。其中，范文程最为皇太极赏识。因其富有政治才能，被皇太极视为股肱之臣，让他参预军政大计。

皇太极登极后，首先把发展农业生产作为发展经济的重中之重。针对满族贵族惯于征战掠夺、轻视务农的习性，皇太极多次训诫他们应改变观念。为了保证农民有足够的生产时间，皇太极接受汉官们的意见，禁止在国内大兴土木。同时，他还颁布了一系列法令，如禁止滥杀牛、马、骡、驴，禁止牲畜践踏农田、损坏庄稼等，以保护农业生产。他还以身作则，亲为表率，每当行军出猎的时候，他总是吩咐把住处安排在野外，从不肯轻易闯入屯堡，惊扰百姓。

在皇太极继承汗位之前，后金的手工业尚处在萌芽阶段，规模有限，水平不高，大量的物资如布匹、兵器、船只等都必须从明朝、朝鲜等地运进来。皇太极为了尽快扭转这种局面，他大力提倡种植棉花，在后金境内四处推广纺纱织布，并经常奖赏技艺出众的纺织工匠，以资鼓励。到天聪七年(1633)，后金的纺织业技术已有很大提高，各种精细布匹都能够织造，已能满足后金境内的需求。在矿冶业方面，皇太极积极支持开矿冶炼，创办了不少冶炼场。冶炼业的发展直接带动了兵器生产。从天聪五年(1631)开始，后金已能够成批生产极有威力的“红衣大炮”。此外，在皇太极的积极倡导下，后金造船、陶瓷等业也有了长足的进步。

随着农业、手工业的恢复、发展，商业贸易也出现了比较兴旺的局面。不仅能够渐渐满足自身的需求，并且还开展了丰富的对外贸易。后金用大宗的人参、东珠、貂皮等地方特产，同明朝、朝鲜、蒙古进行交换，以取得自己所需的粮食、布匹等生活用品。在后金内部，皇太极鼓励各族商人设店售货，开设当铺，发行借贷，并允许粮食投放市场，但不许商人囤积居奇，进行商业投机。为了保证后金的商业网络运行畅通，皇太极非常注意整顿商业税收,严禁有关官员利用职权之便损公肥私，受贿漏税。镶蓝旗官员法都在掌管辽东城西关红、蓝桥的税收时，偷税12两银子，随即被皇太极革去了职务。

经过皇太极10余年的励精图治，后金国的经济得到了长足的发展，不仅民生安定了，民心亦更加稳定了，国力得到了增强，从而为进一步向外扩张打下了坚实的物质基础。

扩建八旗　加强集权

由于满族人口有限，满族八旗又不断减员，单靠这支部队显然难以完成灭明大计。于是，皇太极在满族八

正白旗甲胄

旗之外，又建立了蒙古八旗和汉军八旗。天聪七年，皇太极把蒙古兵编成蒙古两旗，称为“右营”和“左营”，两年后正式成立蒙古八旗，旗制与满族八旗相同。汉军八旗最初是用汉族壮丁组建的一支“乌真超哈”（重兵），崇德二年(1637)扩编为左、右翼两旗，后来又扩为四旗，崇德七年(1642)再次扩到八旗，旗制也与满族八旗相同。蒙古八旗、汉军八旗与满族八旗唯一的不同就是满族的旗主实行世袭制，而前两者的旗主则由皇太极任命，不称职者可随时撤换。所有的满、蒙、汉八旗军队，都由皇太极直接指挥和调遣。

就在皇太极积极地推行这些重大的政治、经济改革时，面临着一个重大的阻碍，即他手中缺乏足够的权力。努尔哈赤死后，后金出现了“八王共治”的局面，即国家大政方针的确立或更改必须由握着重权的八旗旗主贝勒们通过召开议政会议的形式集体定夺，汗不能违背旗主们的意愿独断专行。若汗平庸无能，旗主们还有权更换汗主。平时诸贝勒为了各自的利益而意见不合，忤逆汗主的现象也屡有发生。努尔哈赤晚年实行四大贝勒轮流值月的制度，即在朝会时，4 人并列坐在一起，接受群臣的朝见。这实际上接近于 4 人集体执政的情况在皇太极继位时依然存在。

这对雄心勃勃的皇太极来说，无疑是一个挑战，挑战如何将军政大权集于自己一身。同时，也是一个挑衅，对于至高无上的王来说，谁能容忍朝堂之上，四人并坐？从即汗位之日起，他就开始积极筹划，着力加强君主集权，削弱权贵们的势力。天命十一年(1626)九月，皇太极在八旗各设总管旗务大臣一名，他们直接掌管旗中一切事务，可以和贝勒们一起参议国事。后来，皇太极又设立佐管大臣、调遣大臣各两名，协理旗中事务，分别重点负责刑法和出兵驻防。这样便分散了旗主的权力，而这些总管大臣及佐管大臣又由皇太极来任命，就等于是皇太极间接地管理了八旗的大小事务。

天聪三年(1629)，皇太极在贝勒大臣会议上宣布了一条重要决定：免去三大贝勒轮流执政的权力，改由诸贝勒们代理。以此为起点，三大贝勒的显赫地位不断受到了抑制。天聪四年(1630)，三大贝勒中最为桀骜不驯的阿敏奉命镇守关内永平等四城。明军调集了大量兵力展开围攻，阿敏抵挡不住明军的猛烈攻势，并大肆杀戮了城中的汉人降官降民。皇太极借此机会宣布了阿敏的16条罪状，将他幽禁起来。两年后，阿敏死于幽所。在天聪五年(1631)的大凌河战役中，皇太极责备莽古尔泰的部下缺乏约束，时常误事。莽古尔泰不服，两人发生了争吵，在争吵中莽古尔泰竟欲拔剑相向。战事结束后，皇太极革去了莽古尔泰的大贝勒头衔，降为一般的贝勒，并剥夺了他5牛录的属员，罚银1万两。第二年，莽古尔泰病死。在莽古尔泰死后的第三年(1635)，其生前曾与胞弟德格类等人密谋叛逆被皇太极查出。为此，皇太极对参与其事者进行了严厉的惩罚，并由此将原归莽古尔泰管辖的正蓝旗纳入自己属下。至此，在八旗之中，皇太极直接控制着三旗(正黄旗、镶黄旗、正蓝旗)。三大贝勒的特权被摧垮了，“八王共治”的局面也随之土崩瓦解，皇太极可谓是大权在握。

人才是国家发展的根本所在。后金的行政机构经过完善之后,皇太极意识到只有建立完善的官僚体系机构，拥有大批具有真才实学、能够经邦济世的官吏才是治理好国家的保障。因此，皇太极十分注意人才的选拔。在他执政期间，举行了多次考试，从满、汉、蒙等各族生员中拔取优秀人才,有时他还单独对汉族生员进行考试。对汉族生员中原来沦为奴仆的，他都将他们从奴籍中拔出。通过科举考试，一大批有才干的知识分子——主要是汉族知识分子被皇太极网罗到了各级行政机构中，维护着后金的统治秩序。

天聪九年(1635)，后金从蒙古苏泰太后手中得到了历代传国玉玺。君臣上下认为这是命运的安排，上天的旨意，在群臣的一致推举下，皇太极于第二年的四月十一日正式即皇帝位，定国号为大清。亦是从这一刻起，皇太极由后金国的大汗一举登上了“真龙天子”的宝座。

南下攻明　决战松锦

皇太极即汗位后，后金的版图是西北接蒙古，南面邻明朝，而东邻朝鲜。长期以来，朝鲜一直是明朝的忠实盟友。两国唇齿相依，关系密切。所以，朝鲜就成为了后金扩张势力范围、南伐明朝的一大障碍。皇太极一直为解决这一问题寻找机会。

天聪元年(1627)一月，朝鲜发生内乱，皇太极认为此时就是那等待已久的良机，他派遣阿敏统率3万军队出征朝鲜。后金军队突袭义州，全歼了城中朝鲜守军。同时又分兵夜袭铁山，击败了驻扎在那里的明军，迫使其退往皮岛。接着，后金军队渡过大同江，连克黄州、瑞兴等城，直达平山。朝鲜国王李倧携带家眷逃到了江华岛，派人向阿敏求和，双方签订了“江都条约”。结果阿敏又纵兵大掠了3天之后，才奉皇太极之命整军回国。根据和约规定，朝鲜应同明朝断绝关系，与后金结为兄弟之邦，尊后金为兄。每年春秋两季朝鲜还要向后金遣使纳贡。然而，这只是战时为情势所迫朝鲜与后金定立的约定，实际上，朝鲜并未真正屈服。

为了彻底征服朝鲜，皇太极在1636年十二月又发动了第二次对朝战争。他亲自率15万大军杀过鸭绿江，连败朝鲜守军，直逼朝鲜京城。李倧出逃南汉山城。清军随即包围了这座城池，击溃了朝鲜各地的勤王军队。

清军又攻占了江华岛，俘获了朝鲜王妃、王子和宗室大臣。李倧走投无路，只得出城投降，与皇太极签订了城下之盟。盟约中规定，朝鲜向清称臣，成为清的属国。每年必须送纳大批贡品，并将国王的两个儿子送到沈阳作为人质。接着，皇太极又发兵攻取了皮岛，全歼驻岛明军。至此，将朝鲜完全控制在自己的手中。

解决了朝鲜，接下来就是蒙古了。当时，蒙古部落众多，基本上可分为三大部分：大沙漠以北是喀尔喀蒙古；大沙漠以南是漠南蒙古；漠北蒙古以西则是额鲁特蒙古。其中，漠南蒙古地处明朝与后金之间，因此，谁能争取到他们的支持，便等于在这场拉锯战中赢得了主动，所以漠南蒙古成为了明朝与大清都极力争取的对象。明朝每年都要花大量的金钱希望他们能够抵御后金。皇太极则采取软硬兼施的两手策略，以强大的武力为后盾，积极争取蒙古各部归顺自己。对于归顺后金的各部首领，皇太极一律予以优厚的待遇。

察哈尔部是漠南蒙古各部中最强大的。其首领林丹汗骄傲自大，依仗明朝在政治、经济上的支持，坚决与后金国为敌，对内，实行他的暴力统治，经常对其他各部发动战争以掠取财物，挑起无谓的争端。时间长了，各部都对其暴虐统治强烈不满，他们开始起来反抗，漠南蒙古各部纷纷投到了皇太极的麾下。天聪二年（1628），喀喇沁、土默特等部不堪忍受林丹汗的压迫，联合起兵反抗，结果却不敌林丹汗的大军。为此，他们向后金求助，皇太极欣然答应。他在沈阳召集漠南蒙古部落的一些代表会盟立誓，决定联合出兵攻打察哈尔部。然后皇太极以盟主的身份征调科尔沁、喀喇沁、敖汉等部兵马，会同后金军队一起西征。联军在席尔哈、席伯图等地接连击败了察哈尔部的军队，向西一直追击到兴安岭方才收兵。西征之后，皇太极向各部颁布了从征军令，严申军纪，强调对不服从约束的要绳之以法。

天聪六年(1632)，皇太极再次调集归附的蒙古各部兵马会同八旗军一道大举西征。林丹汗因部属纷纷叛离，自觉力量弱小，难以抵抗皇太极率领的大军，便领部众向西奔逃，一直渡过了黄河，向西藏方向逃去。天聪八年(1634)，林丹汗在青海大草滩出天花而死，部众纷纷逃散。皇太极闻讯后立即派多尔衮率兵前去招抚林丹汗的残部。第二年，林丹汗之子额哲率领部众归顺了后金。至此，漠南蒙古完全被后金所控制，对明朝的统治构成了严重威胁。

解决了朝鲜和蒙古，皇太极这下便将全部的精力投入到对明作战中来了。天聪二年(1628)，皇太极得知明崇祯帝即位的消息，立即率领大军绕过了明军防御坚固的宁锦防线，取道蒙古南下，一直打到北京城下。明朝崇祯皇帝慌了手脚，急令袁崇焕率领边军回援。激战中皇太极巧施反间计，多疑的崇祯帝竟自毁长城杀了袁崇焕。清军将领们纷纷要求攻取北京城，皇太极却认为北京城虽可攻下，但明朝的实力是不可小觑的，不可能一举而灭，所以在布置好防守后，就率军返回了沈阳。

为逐步消耗明朝力量，皇太极自此一面假意求和，一面不断向明进攻。从天聪八年到崇德三年(1634—1638)，皇太极又先后4次出兵进入明朝内地。清军所到之处，竟如入无人之境。比如在崇德元年(1636)，阿济格率军入塞，大小52战全部告捷，攻陷城池60余处。皇太极的反复兴兵，给内地人民带来了深重灾难。清军所到之处，必定要抢掠屠杀一番，再加上战争的不断兴起，明廷也不断加大对人民的征税力度，从而激起了社会矛盾，明末农民起义纷纷爆发。

崇德四年时，明朝的国力已经大不如前，皇太极终于抛弃了对明朝议和的幌子，一场酝酿已久的双方决战——松锦大战爆发了。

锦州位于辽西，是关外明军防御体系中的坚强堡垒，周围分布着松山、杏山、塔山等城，对锦州起着护卫作用。是年，求胜心切的皇太极对松山发动了猛烈的攻击，但在明军的顽强抵抗之下，未见成效。第二年，清军筑义州城作为攻取锦州的前哨阵地，然后又陆续增调人马，在锦州城外挖掘深壕，将其团团围困。

崇德六年(1641)，守卫锦州外城的蒙古军队投降清军，眼看锦州城难保。就在这时，满腹韬略的蓟辽总督洪承畴具有丰富的作战经验，他奉崇祯帝意旨率领13万大军前来解锦州之围。洪承畴采取稳扎稳打、步步为营的策略，徐徐向锦州靠拢，不给清军任何分化以各个

【画入归图】卷 局部 ［明］ 佚名 中国台北故宫博物院藏 76－7

【画人归图】卷 局部 [明] 佚名 中国台北故宫博物院藏 76-7

洪承畴

击破之机。但心急如焚的崇祯皇帝和兵部尚书陈新甲却主张速战速决。洪承畴无奈，只得加速进军抵达松山。多尔衮等人与明军几次交战，均未占得便宜。锦州城中的明军却乘机反扑，夺回了外城。

清军接连失利的战报传到了沈阳，皇太极坐立难安。他只得拖着病体，亲自率领大军驰援前线，与明军决一死战。皇太极的御驾亲征给了大清战士们无限的鼓舞。他根据地形和明军的阵势，及时调整了策略，把清军主力布置在松山和杏山之间，切断了明军的粮饷供应，把松山城和城外的明军一并包围起来。两军几经大战，清军又夺取了笔架山的明军军粮，并进一步缩紧了包围圈，然后深沟高垒。明军屡攻不胜，又丢失了军粮，军心渐渐动摇。洪承畴只得孤注一掷，下令全线突击。不巧皇太极早料想洪承畴会用这一招，此时的清军正严阵以待，等明军来犯。明军刚出城门就遭到清军封堵截杀，伤亡极为惨重。在短短的 10 天之中，明朝 13 万大军损失殆尽，被斩杀者就达 53000 多人，只剩下洪承畴率领 10000 多残兵败将困守在松山城内。崇德七年(1642)，松山城中的明朝副将夏承德开城出降，松山城失陷，洪承畴被俘。锦州守将祖大寿见大势已去，也献城出降。随后塔山、杏山相继落入清军手中。历时两年多的松锦战役，以清军的决定性胜利告终，至此，皇太极完全控制了关外的局势。

松锦决战的胜利给皇太极带来了巨大的欢欣，但亦是在这段过程中，皇太极最宠爱的宸妃却突然与世长辞了，这对他的精神打击很大。

宸妃去世后的第二年(1642)，松锦决战结束，清朝逐鹿中原、定鼎九州已成水到渠成之势。可是皇太极却无法完成这一大业了。多年操劳政务和四处征战，已经耗尽了他的精力，宸妃的去世又给他精神上以重大创伤，使他一病不起。崇德八年(1643)八月的一个夜晚，皇太极在清宁宫内的御榻上离开了人世，终年52岁。葬昭陵。

清圣祖玄烨

玄烨(1654 — 1722)，清朝入关后第二代皇帝。顺治帝第三子，母佟氏。1661 年即位，康熙六年(1667)14 岁时亲政，在位 61 年。谥号“仁皇帝”，庙号“圣祖”。因其年号为康熙，故亦称“康熙(帝)”。他是清代，也是中国历史上在位时间最长的皇帝。康熙帝励精图治，开创了康乾盛世。

少年即位　智除鳌拜

清圣祖康熙，名爱新觉罗 · 玄烨，是顺治皇帝的第三个儿子，生于顺治十一年 (1654) 三月十八日。母亲佟氏。佟氏的祖父佟养真跟随清太祖努尔哈赤兴兵抗明，是清朝的开国功臣，父亲佟图赖是汉军正蓝旗人，也屡建战功。因此佟氏一门算得上是八旗汉军中显赫一时的名门大族。顺治皇帝为了缓和民族矛盾，改变了只在蒙古贵族中选妃的旧俗，也开始在汉人中选妃，因而佟氏被选入清宫。但佟氏不受顺治帝宠爱，因此，玄烨也遭顺治帝冷落。

值得庆幸的是，玄烨的祖母孝庄皇太后对玄烨母子格外钟爱。她派自己的侍女苏麻喇姑协助保姆照看玄烨，教他读书写字。她还经常亲自对玄烨加以教诲。自

康熙坐像

玄烨懂事，便在各方面培养他良好的习惯和高尚的情趣。玄烨也不负众望，少年老成，颇有风范。

尽管孝庄太后努力培养玄烨，但顺治帝却一心希望自己宠爱的董鄂妃所生的皇四子继承皇位。无奈这皇四子在出生三个月后夭折，顺治帝才把注意力和希望转到这位年幼而老成的玄烨身上。两年后，年轻的顺治皇帝一病不起，在孝庄皇太后的坚持下，顺治帝立下了以玄烨为皇太子的遗诏。

顺治十八年（1661）正月初九，8岁的玄烨继承了皇位，改元康熙。孝庄太后主持大典，同时，她也担负起了辅佐第二代幼主的重任。康熙帝即位第5天，孝庄皇太后便向王室宗亲、文武大臣发出谕旨，要他们与四大臣协力共同辅佐幼主。四大臣辅政也是孝庄皇太后同顺治帝反复考虑后一改宗室诸王辅佐幼主处理政务的旧制而采取的新体制，让元老重臣佐理政务，而把决策权抓在自己手中。除此之外，太后把更多的精力放在了指导康熙帝学习执政上。

顺治帝遗诏委托的四位顾命大臣是索尼、苏克萨哈、遏必隆和鳌拜，他们在顺治帝的灵位前曾立下誓言：竭尽忠诚，不谋私利，不结党羽，不受贿赂，忠心仰报皇恩，全力辅佐君主。辅政之初，四大臣遇事协商，凡欲奏事，一同进谒皇帝或太后，待太后决策后，再由他们以皇帝或太后的名义发布谕旨。辅政大臣虽无决策权，但他们可以入直、票拟并代幼帝御批，依然存在专权的漏洞。

四朝元老索尼年老体弱，虽身为首辅，却因病很少管理朝政。镶黄旗人鳌拜是清朝开国元勋费英东的侄子，显赫的门第和卓著的战功使他拥有了今天的地位。鳌拜野心勃勃，又善于玩弄权术。生性怯懦的遏必隆又唯鳌拜马首是瞻，只有苏克萨哈敢和鳌拜对着干，但他资历浅，又与索尼素有间隙，常在四位顾命大臣中处于孤立境地，鳌拜也就趁机独揽了大权。

鳌拜任人唯亲，广置党羽，不断扩大自己的势力。大学士班布尔善、吏部尚书噶褚哈、工部尚书济世等都被安插到要害部门。他们私定对策，拦截奏章，逐渐地来架空皇帝。

1666 年，鳌拜矫旨将反对调换圈地的苏纳海等三大臣处死，其他反对调圈土地的大臣，或被降职，或被治罪。后来鳌拜又诬陷苏克萨哈勾结党羽，硬是逼着年少的康熙帝下诏将苏克萨哈处死。鳌拜在进一步独揽了大权的同时，也使康熙帝对他有了戒备之心，并有除其之意。

同年七月七日，在孝庄太后的允许下，康熙帝开始亲政，除掉鳌拜的机会进一步成熟。但康熙帝深知鳌拜党羽众多，根深蒂固，不易撼动，而且鳌拜乃武将出身，曾号称八旗第一勇士，如不周密策划，非但除不掉鳌拜，反而会祸及自身。因此，康熙帝一方面封鳌拜为一等公，使其放松警惕；另一方面，从各王府挑选了一批子弟做他的侍卫，对外则打着陪自己练武的名义。随后，康熙帝又借下棋为名，与索尼的儿子、自己的叔丈索额图制定了擒拿鳌拜的方案；同时又将鳌拜的党羽以各种理由遣出京城办差。除掉鳌拜的机会终于成熟了。

这天，康熙帝诏鳌拜单独进宫议事，不知是计的鳌拜到来后看见正襟危坐的康熙帝和威风凛凛的少年侍卫，自料事情不妙，但为时已晚。康熙帝一声令下，少年侍卫一拥而上，七手八脚便拿下了这个横行多年、权倾朝野的权奸。康亲王杰书奉康熙帝的命令审讯鳌拜，不久，便公布了鳌拜结党专政的30条罪状。康熙帝念其当年搭救皇太极有功，赦免了他的死罪，将其终生囚禁。

随后，康熙帝又依据罪行轻重惩处了鳌拜的党羽，同时，还为那些为鳌拜所陷害的大臣平反昭雪。

平定三藩　收复台湾

除掉鳌拜后的康熙帝亲手书写了“三藩、河务、漕运”的条幅并将其悬挂在宫中的柱子上，以随时提醒自己。其中三藩，是指明朝降将吴三桂、尚可喜、耿仲明三个藩王，他们盘踞在云南、广东、福建三个省区，分别被授予平西王、平南王和靖南王。

镇守云南的吴三桂利用手中的大权，一方面招降纳叛，横征暴敛，不断扩充实力，以藩府名义任命官员，在要害地方安插自己的死党。他的儿子吴应熊被召为皇太极之女的驸马，从而成为吴三桂安插在京城的耳目。另一方面吴三桂又大兴土木，搜罗美女，做出安于享乐、胸无大志的样子等待时机。

1673 年，年老多病的尚可喜上书朝廷，要求回老家养老。早有撤藩打算的康熙帝，不仅趁机下令撤掉尚可喜的藩地，还不顾群臣的劝阻，同意了吴三桂和耿精忠假装要求撤藩的请求，并派人南下催促办理撤藩事宜。

已无退路的吴三桂便联合耿精忠和尚可喜之子尚之信，树起“兴明讨虏”的旗帜，发动叛乱，其在各地的党羽纷纷响应，战火迅即燃遍了大半个中国。

消息传到京城，年轻的康熙帝临危不惧，不仅果断地下达了平叛的命令，还制定了重点打击吴三桂的策略。

平叛初期，形势于康熙帝不利。但他依然拒绝了达赖的斡旋和吴三桂裂土罢兵的要求，坚持武装平定叛乱。他把战略目标放在平凉城上，采取剿抚并用的政策，集中力量对付割据此地的吴三桂义子王辅臣。他先派王辅臣的儿子劝降父亲，接着又派图海进军平凉。王辅臣中了图海的调虎离山计，损兵折将，被困平凉，后被迫投降清军。平凉一失，吴三桂在陕西的攻势也随之丧失了。

1678 年，清军收复了陕西全境。在这同时，康亲王杰书荡平了江西、浙江境内的吴军，耿精忠投降。

吴三桂见大势已去，于 1678 年春，在衡阳匆匆忙忙登基称帝，改国号为周，不久便在四面楚歌中中风死去，其子吴世璠继承皇位。1680 年，康熙帝下令清军分三路攻入云南，逼迫走投无路的吴世璠服毒自尽。1681 年，在荡平三藩残余势力后，三藩之乱彻底宣告结束。

平定三藩后，康熙帝接受了福建总督姚启圣的建议，决定乘郑氏集团内乱的时机用武力收复台湾。

武力收复台湾的决心已下，康熙帝便开始考虑任谁为帅的问题。姚启圣曾经多次保举郑成功旧部施琅任福建水师提督，但由于他的子侄均在台湾任职而遭忌未能任用。后来施琅子侄因欲投清而被杀的消息得到证实后，施琅才重新得到信任。后来，李光地也大力推荐施琅。康熙帝力排众议，任命施琅为福建水师提督，加封太子少保。

康熙二十二年（1683）七月，20000 多名官兵，230 多艘战船在施琅的率领下直捣澎湖。清军战舰云集海面，争先恐后，反而影响了攻势。又赶上潮落风逆，施琅的指挥船顺流而下，陷入重围。

初战失利，施琅迅速对水师进行整顿，并采用 5 只船为一个作战单位的“五梅花”战术，击败了郑军的主力部队。台湾的门户被打开了，困守孤岛的郑克塽见大势已去，不得不派人向清军送上降表。收到降表的康熙帝认为收降安抚更有利于收复台湾，于是他不仅接受了降表，还决定对归降的郑氏大小官员加恩予以安置。八月十三日，施琅率领的清军在鼓乐声中登上台湾岛，大清真正实现了统一。

大败沙俄　平定西北

正当康熙帝用兵平定三藩、收复台湾的时候，黑龙江流域一带又遭到了沙俄侵略者的侵扰。他们盘踞在雅克萨一带，打算以此为根据地吞并中国。

三藩之患解除后，东北问题便提上了日程。康熙帝在养心殿里开始研究俄国的地理和语言，并借祭祖陵之际巡视边防，准备武装抗俄。1683年，康熙帝任命萨布素为黑龙江将军，到瑷珲等地进行军事防御。1685年，在多次照会沙俄，一再表示和平解决边界问题未果的情况下，康熙帝便分水陆两路进兵雅克萨，迫使沙俄投降。降敌离去后，清军彻底摧毁了雅克萨城堡，然后撤回瑷珲。

康熙戎装像

不久，沙俄托尔布津等残匪趁清军主动撤回之际，又纠合一批人马重新占领修建雅克萨。面对侵略者的这种行为，康熙帝再次派萨布素等人统率清军，于1686年用三个月的时间打死了包括沙俄侵略头目托尔布津在内的大部分侵略军，迫使剩下的100多个残兵败将不得不放下武器，同清政府谈判。

1689年夏，在清政府做了让步的情况下，双方签订了《中俄尼布楚条约》。这个条约在法律上确定了中俄东段的边界，明确了黑龙江和乌苏里江流域包括库页岛在内的广大地区都是中国的领土，维护了中国的主权。

东北平定后，康熙帝便把目光转向了噶尔丹。噶尔丹在沙俄侵略者的支持下，四处吞并其他蒙古各部，于1688年向喀尔喀蒙古发动突然袭击，喀尔喀蒙古的宗教首领哲布尊丹巴毅然拒绝了沙俄的威逼利诱，率喀尔喀蒙古回归了祖国。噶尔丹便以追击喀尔喀为名，南下清朝境内，前锋最远到达距京城仅900里。

对噶尔丹的入侵，朝中大多官员都主张不出征。康熙帝则认为噶尔丹一日不除，边陲便一日不宁，只有平定叛乱，才能巩固国家的统一。1690年，康熙帝亲自率军亲征，在离古北口400余里的乌兰布通与噶尔丹相遇。清军用火炮击破了噶尔丹用万头骆驼布下的“驼城”防线，致使噶尔丹狼狈逃窜。噶尔丹败逃后仍贼心不死，又与沙俄勾结再度叛乱。1696年，康熙帝决定再次亲征噶尔丹。此次亲征，康熙帝在昭英再次大败敌军，噶尔丹率几十名亲兵狼狈逃走。1697年，康熙帝第三次亲征，为时10年的噶尔丹叛乱才彻底被平定，使西北边疆得以巩固。

整顿吏治　勤勉治国

康熙帝为防止贪官污吏的勒索和压榨以致激起民变的发生，十分重视整饬吏治，特别注意处置腐败的高级官吏。

康熙帝对山西巡抚穆尔赛一贯贪赃枉法的劣迹早有耳闻。一天，康熙帝向大学士勒满洪等人查询穆尔赛为官的情况时，他们竟庇护起穆尔赛来。后来，康熙帝查明穆尔赛罪行后将其革职收审，判处绞刑，还给勒满洪等人连降两级的处分。

在惩治贪官的同时，康熙帝对那些清官廉吏大加褒扬，以起到移风易俗、扶正抑邪的作用。被康熙帝誉为“天下廉吏第一”的于成龙就是其中的典型。早在顺治朝任广西罗城知县时，于成龙便插棘为门，累土为几，一时传为佳话。康熙十四年秋天，黄州发生了严重的自然灾害，于成龙发放赈济粮以对抗发生的严重自然灾害。后来他离开黄州赴福建时，几万黄州百姓送行到九江，哭声一片。

康熙帝南巡时，曾多次亲自拜谒明太祖的陵墓，并赐其匾额。他还提出要查访明室后代，授予官职，让其看守陵墓。他还亲临孔庙祭祀，对孔子的后裔大施恩宠，以此来笼络汉族士大夫。

康熙朝也发生了十几次“文字狱”，使许多汉族士大夫受到牵连。戴名世是安徽桐城人，他在晚年整理了《南山集》一书。书中记载了南明诸王的史事，并采用了同乡方孝标的《滇黔纪闻》中的一些史料。戴名世还主张以桂王死后的第一年作为清的定鼎之年。谁想59岁这年他的《南山集》被左都御史赵中乔告发为诽谤朝廷之书。结果戴名世被判凌迟处死，后改为处斩。戴氏、方氏家族16岁以上的男子全部被判处斩，女子及15岁以下的男子被没为家奴。族人所有的职衔全都被剥夺，就连已经去世多年的方孝标也被戮尸。

自即位以来，康熙帝就十分重视治河和漕运，而治河又是漕运恢复的前提，因此康熙帝在兴修水利上倾注了许多心血。黄河、淮河和运河是康熙帝主要治理的三条河流。为了根治黄河，变水害为水利，康熙帝任命水利专家靳辅为河道总督，另一位专家陈潢做他的助手，开始了大规模的治河工程。靳辅采用了明代潘季训“以堤束水，借水攻沙”的方法，又用开中河、修堤坡等方法作辅助，用一年时间，使周围的州县恢复了耕种。又经过十几年的努力，水归故道，漕运无阻。康熙帝曾赐诗给靳辅以示奖励。康熙帝的6次南巡都以巡视治河工程为重点，还对治河的具体措施认真研究，提出了一些很有见地的意见。康熙帝还亲自主持了素有“小黄河”之称的浑河的修治工程。在康熙帝的督促下，浑河治理

工程于康熙四十年 (1701) 竣工，并将其改名为永定河。

康熙帝为政，很讲究实效，对浮夸虚饰一向给予反对。因此，他多次拒绝了臣下为他上尊号的请求。平定三藩之后，朝臣请上尊号，康熙帝给予了拒绝。讨平噶尔丹之后，诸王、贝勒、贝子、文武官员及远近士民来到畅春园，搞了一次更大规模的请上尊号的活动。康熙帝仍然坚决拒绝。后来，借他的生日等机会，臣下又多次请上尊号，但直到去世康熙帝也没有答应这些请求。他还一再拒收朝臣进献的生日贺礼，不准为他举行大规模的祝寿活动。在去世前不久，康熙帝最后一次拒绝了群臣为他第二年举行“万寿七旬”贺礼的请求。

康熙六十一年 (1722) 十一月十三日，康熙帝病逝，享年 69 岁。葬景陵。

清高宗弘历

弘历（1711 — 1799），清朝入关后第四代皇帝。雍正次子，母钮祜禄氏。1735 年即位，在位 60 年。乾隆六十年（1795）内禅退位，又作太上皇 4 年。谥号“纯皇帝”，庙号“高宗”。因其年号为乾隆，故又称“乾隆（帝）”。他风流倜傥，兼有文治武功，使清朝国势达到顶盛。

顺利继位　用兵边疆

康熙五十年（1711）八月十三日，乾隆帝在雍和宫出生。康熙帝对这个大头大耳的孙子十分喜爱，特令他留在宫中和两个亲王一起读书，让当时著名文士梁诗正为他们授课。弘历生性聪明，过目成诵，康熙帝对他越发喜欢。

弘历从六七岁开始，每年秋天都要跟随康熙帝去承德打猎。有一次，康熙帝命侍卫射熊，刚上马，那只熊就立了起来。弘历在马上泰然自若，毫无惧色。康熙帝开枪将熊击毙。回到帐中，康熙帝便对众人说弘历的福气要超过我。在弘历 12 岁那年，康熙帝还特意见了一下乾隆的生母，连称有福之人。乾隆帝即位后每忆及此事，就似乎觉得，康熙帝当时就意识到他可以担当大事，所以才要看他母亲的福相。

雍正十三年(1735)八月，雍正帝驾崩。大臣鄂尔泰和史贻直等人一面料理丧事，一面齐集文武百官到太和殿，从“正大光明”匾额后面取出雍正帝立储的遗诏，向诸皇子宣读。遗诏上写着：“皇四子弘历即皇帝位。”就这样，弘历顺利地登上了皇帝宝座，大赦天下，以明年为乾隆元年。

24岁的乾隆帝即位后，一改其父苛刻的为政方针，为政以宽大为主。他将被圈禁的宗室人员一律放出，被迫害致死的几个叔伯也都收入了玉牒，自己的兄弟都封为亲王。被其父关入监狱的岳钟琪、陈泰等人也被放出。雍正帝时因屡兴文字狱，罪人的家属大都被徙往边地为奴，现也放回原籍。这些宽厚仁德的措施颇得人心，一时歌功颂德之声不绝于朝。

此外，朋党之争，也是乾隆帝首先面临的棘手问题。当时的朝中大臣分为鄂尔泰和张廷玉两个派系，乾隆对他们明确表示痛恨私立朋党的立场，同时对两派臣僚一视同仁，有功即赏，无功即罚。对那些党同伐异之人，轻则被训斥，重则被解职回籍。于是，在乾隆朝，虽有门户对立，但没有明显地影响朝政的运行，有时反而促使双方争相为国立功，为朝廷效力。

乾隆朝服像

雍正末年，贵州苗疆叛乱，刑部尚书张照奉命前往镇压。张照一向反对“改土归流”政策，又不懂军事，以致苗疆叛乱规模越来越大。乾隆帝即位后断然下令将张照逮捕下狱，另派张广泗经营苗疆。

治苗老手张广泗经过一番盘算，制定了“暂抚熟苗，力剿生苗”的策略。张广泗号令严明，所向披靡，攻无不克。先后毁除苗寨1224寨，赦免388寨，杀死17000余人，黔东的苗区淹没在清军大屠杀的血泊之中。张广泗的捷报传来，乾隆帝笑容满面，立命张广泗为贵州总督，兼管巡抚事。对苗民的诉讼依苗俗来审理，可不拘律例。初次用兵即获大胜，这使得乾隆帝对用兵增强了信心。

乾隆十二年(1747)，大金川首领莎罗奔公开叛乱。乾隆帝命张广泗为四川总督，全力进剿。但张广泗因与前来督师的大学士讷亲不和而负气推诿。乾隆帝大怒，立斩张广泗，并赐讷亲自裁。之后，乾隆帝另派大学士傅恒为经略，和岳钟琪分两路进剿，不久将大小金川平定。乾隆三十一年(1766)，大金川再次叛乱。乾隆帝屡次派兵进剿，但均劳师无功。乾隆四十一年(1776)，定西将军阿桂攻克了大金川的最后据点噶尔崖后，才将叛乱平息下去。

乾隆二十年(1755)，准噶尔部再次反叛。乾隆帝命班第为定北将军，以归附的阿睦尔撒纳为左副将军，兵分两路大败叛军，叛军首领达瓦齐被维吾尔人擒获。乾隆帝痛斥了达瓦齐叛国的罪行后，又出于民族关系的考虑，不仅赦免了其罪过，还将其封为亲王，居住在北京。

为了削弱准噶尔部的割据势力，乾隆帝将厄鲁特四部封为四汗，使各管所属。但是，自恃平叛有功的阿睦尔撒纳一心想当四部的总汗。乾隆帝未答应他的这种要求，于是，阿睦尔撒纳复叛，杀掉驻守伊犁的班第。无奈之下，乾隆帝再次出兵平叛，阿睦尔撒纳兵败后逃跑，后因患天花死于俄国。

在南疆，霍集占兄弟发动了叛乱，同时杀掉了乾隆帝派去的使臣。兆惠刚平定了天山北路，乾隆帝又命他立即率军赴南疆平叛。兆惠率领的清军仅 3000 人，被霍集占率领的 1 万多叛军围困在黑水。包围历时 3 个月，叛军始终未能攻破。乾隆帝命驻守乌鲁木齐的将军富德赴南疆增援。在清军的内外夹击下，霍集占部队迅速分崩离析，其兄弟二人也被当地部族所杀，叛乱也得以平息。

阿桂在平定大小金川叛乱后又被乾隆派往云南，与云贵总督李侍尧勘定中缅边界。同时向缅甸索要逃往其境内的叛乱者。缅王孟驳闻讯十分恐慌，马上遣使奉表入贡，表示愿意献还俘虏，只请求开关互市。乾隆帝答应了缅甸的要求。但缅人只将叛人放回了一半。乾隆帝遣使切责，缅甸新王孟云慑于中国的军威，便遣使奉金塔 1 座，驯象 8 只和宝石、番毡等物求贡，并将叛人全部送回。乾隆帝十分高兴，乃颁诏封孟云为缅甸国王，并谕暹罗，不可与缅甸继续构兵。

乾隆五十三年(1788)六月，广西地方官上奏，说阮文惠逼走了安南国王黎维祁。黎维祁之母请求中国出兵。乾隆帝闻报，遂命两广总督孙士毅赴广西处理此事。

麻痹大意的孙士毅兵败回国。乾隆帝闻报大怒，立命福康安代孙士毅经营安南事。阮文惠马上遣使求和，并入贡中国。第二年五月，乾隆帝因不想长期劳师，遂答应了阮文惠的请求，准予入贡。乾隆帝命原安南王黎维祁剃发易服，编入八旗为佐领，封已改名阮光平的阮文惠为安南国王。

乾隆二十六年(1761)八月，廓尔喀侵略军进犯西藏，不仅抢夺了六世班禅遗留的财物等，还烧杀抢掠，无恶不作。乾隆帝闻讯后，即派福康安为将军，海兰察为参赞，调兵入藏，达赖喇嘛还亲自带领僧俗人等协助清军作战。侵略军很快战败求和，表示今后永不侵犯西藏，并归还掠夺的金银宝物。清政府制定《钦定西藏章程》，提高驻藏大臣的权力，使朝廷对西藏的管理大大加强。

闭关锁国　潇洒风流

苏禄国位于菲律宾群岛西南端苏禄群岛上，早在明朝就与中国有密切往来，此时因孤立受到威胁，于乾隆十八年遣使劳独万查拉来华，请求内附。乾隆帝接待了这位苏禄使臣，并赐宴款待，对内附一事也作了妥善处理。

在乾隆初年，英国与中国贸易往来频繁，来华的英商也越来越多，其中未免有些人勾结中国行商，干一些违反中国法律的事。乾隆二十二年十一月十日，乾隆帝借口英商洪任辉屡次抗违禁令，传谕外国商人，以后只准在广州一口通商，禁止外商再往厦门、泉州、宁波三地贸易。两年后，乾隆帝命臣下制定《防范外夷规条》规定：禁止外商在广州过冬；外商必须接受中国行商管束稽查；禁止外商雇用役使中国人；外商不得雇人传递信息；外商不得在广州自由出入等等。同时，在广州设立保商制度，保商都由官府派遣，凡外来人员、船只、货物和纳税等事，都由保商担保。还规定，金银、五谷、丝巾等物一律不得出洋。

乾隆的这一系列闭关政策使英商受害最大。为了发展对中国的贸易，英国决定派高级使臣来华。乾隆五十八年(1793)，以为乾隆皇帝祝寿为名，英王遣马戛尔尼出使中国。乾隆帝听说大英帝国遣使为自己祝寿，满心欢喜，传旨准英使由天津人京朝觐。在经过一番觐见礼仪的纠缠，最终达成英使跪一膝行礼的折中后，马戛尔尼正式觐见，向乾隆帝呈递了表文，奉献了礼品。乾隆帝对英王也回赠了许多贵重礼物，并厚赏了马戛尔尼本人，还赐予一道敕书。关于商务问题，马戛尔尼书面提出六项要求，其主要内容是要扩大贸易，增加通商港口，允许英人在广州居住，请允许占用一小岛贮存货物，允许传教士在各省传教。结果，乾隆帝对英人的要求给予了断然回绝。特别是对英人想占用中国岛屿之事，乾隆帝更是严词加以拒绝，维护了中国的主权和尊严。马戛尔尼的要求没有得到满足，非常失望地回国了。

乾隆年间，除了英国外，西方其他不少国家也都曾遣使来华。乾隆十八年(1753)，葡萄牙使臣巴哲格来中国。乾隆帝对葡使颇为优遇，派人远迎，并令沿途供应一切物资。乾隆帝在回复给葡王的“敕谕”中，除了表达友好的语言以外，有关通商诸事全未涉及。

乾隆六十年(1795)，荷兰以祝贺乾隆帝御极60周年为名，派德胜为正使来华。乾隆帝特令广东地方官派人沿途护送，妥为照料。军机处官员验礼品后，认为这些都不是贵重物品。乾隆帝未予计较，仍照常予以赏赐，还将一个亲笔写的“福”字赐给了使臣。

圆明园前身是畅春圆，修建于康熙时期，后赐给当时还是藩王的雍正帝。雍正帝即位后，对圆明园大加扩建，添了不少的楼台亭榭。乾隆帝即位后，他拨出库中大量白银，命工部规划大规模扩建。乾隆又将各省督抚搜集的珍禽异卉、古鼎文彝，一齐陈列园中，供皇家人员玩赏。园林告成后，乾隆帝便请太后到园中游玩。他还发了一道圣旨，自后妃以下，凡公主、宗室、命妇以及近属，都准入园游玩。

一天，乾隆帝与后妃、公主、宗室命妇护着皇太后在园中游玩时，被一个娇楚动人、貌美夺目的女子所吸引，不禁停住脚步，注视良久，目不转睛。恰这时，那个丽人也有意无意地瞻仰御容，四目之中已露出无限情意。乾隆帝后来才忆起这个丽人是内务大臣傅恒的妻子。后来，乾隆帝为与傅夫人见面偷情，多次借故把傅恒派到外地统兵。不久，傅夫人竟产下一子，满月时抱入宫中，请乾隆帝赐名。乾隆帝十分宠爱这个肥硕强壮且貌似自己的孩子，于是赐名叫福康安。以后福康安 8 岁时，乾隆帝即让他在御书房和皇子们一起读书，12 岁时便封为贝子，长大后封为大将军，多次受命出征，所受乾隆帝的呵护可谓无微不至。

乾隆帝一生俘获无数女人的心，却惟独不能征服霍集占妻子香妃的心。香妃身上生来就有一种异香，不用涂脂抹粉，就能散发迷人的香味，而且香气袭人。乾隆帝为得到香妃想尽了一切办法，但香妃还是没把他这个风流皇帝放在眼里，而是时时刻刻都在思念自己死去的丈夫，对杀死她丈夫的乾隆帝也是恨得咬牙切齿。后来皇太后知道以后，生怕这个香妃杀死她儿子，于是趁乾隆帝去天坛祭祀的时候将香妃赐死。闻讯而来的乾隆帝到达后为时已晚，香妃已经自缢而死，心中难过的乾隆帝只好命人按妃子的礼仪将其厚葬。

数下江南 宠信和珅

乾隆帝一生多次外出巡游。他曾4次东巡到达盛京，两次到曲阜祭孔，并巡游泰山，还曾到过嵩山和洛水。乾隆帝一方面为游玩散心，另一方面为了解南方的民风民俗、政治情势，加强对南方的统治。

乾隆十六年(1751)正月，乾隆帝驳回了几个大臣的劝谏，命大学士刘统勋代理朝政，史贻直总揽军务，自己奉皇太后去江南巡游去了。

乾隆帝一行先到山东，因曾游过这里的缘故，所以只在济南停了一天，便顺运河南下。到扬州后，扬州富绅汪如龙献给乾隆帝一个色艺双全名叫雪如的歌妓。乾隆帝十分喜爱这个歌妓，于是赏给汪如龙二品顶戴，并准在御前当差。汪如龙自然是十分得意。接着，乾隆帝经镇江，到南京，供应都十分繁盛。接着到了苏州，各处园林无不尽情游览。然后从苏州由水道到杭州。地方官知道乾隆帝性喜山水，便在西湖建起了十分轩敞的行宫。乾隆帝更是游遍了当地名胜。乾隆趁着游兴正浓，不是题诗，就是写碑。他亲祭了钱塘江，渡江祭了禹陵，又回到观潮楼阅兵，到处

乾隆戎装像

都留下了诗文。

乾隆帝登钟山，祭孝陵，游秦淮河，召试江南诸生，玩了一个多月，然后返回京师。

乾隆帝到扬州时，听人讲述了史可法守扬州的故事，颇受感动。他特赐史可法号为“忠正”，并命在扬州梅花岭为史可法修建祠堂。不久，一个姓蒋的侍御访求到史可法的遗像和一封家书，进献给乾隆帝。乾隆帝遂题五言诗一首，命刻于祠堂壁间，以示奖恤遗忠。有人认为史可法因抗清被豫王所杀，这样褒奖他是否不相宜。乾隆帝认为臣下各保其主，理应尽忠，虽兵败被杀，其节操足为后人楷模。这实际上是在告诫群臣要以史可法为榜样效忠朝廷。也正是为了这个目的，清初凡是降清的明朝旧臣，不论对清朝有多么大的功劳，乾隆帝都把他们列为“贰臣”，命史馆将他们列入“贰臣传”。

乾隆帝在游览杭州金山寺时，看到苏东坡遗留下来的一条已经剥蚀的玉带，就命人拿到内府琢玉补上，并亲自题诗 5 首，以纪此事。此后乾隆又 5 次到江南巡游。

乾隆帝统治后期，趋于奢靡，尤其是宠信贪官和珅，更加剧了朝政的腐败。

和珅本来只是一个侍卫，一个偶然的机会被乾隆帝发现并看中，一下子就被提为户部侍郎。和珅口齿伶俐，办事干练，处处合乾隆帝的意，只是贪婪成性，要他去掌管户部，侵占财货十分方便，所以不久就遭到了御史们的弹劾。虽然大臣们的奏折不断，但乾隆帝总是对这些奏折不理不睬。

一段时间过后，朝臣们发现和珅不仅没有受到处置，反而和皇帝越发亲热，甚至晚上他还陪乾隆帝在御书房睡觉。群臣任凭和珅贪污、弄权，也不敢再次弹劾。

后来，和珅进入军机处，在乾隆后期执政达20余年，累官至文华殿大学士，封一等公。他的弟弟和琳也由一个生员升为兵部侍郎，又升为工部尚书，乾隆末年还曾代福康安为主帅。一般人看来，和珅已经与乾隆帝亲如一家，得罪了和珅就如同得罪了皇上。

以后，乾隆帝和和珅更是形影不离，无论是出巡还是游猎，乾隆帝总是把和珅带在身边。后来，乾隆帝又把自己的第十个女儿和孝公主嫁给了和珅的儿子。和孝公主最受乾隆帝喜爱，乾隆出猎或微行时，常把和孝公主带上。和孝公主好穿男子的服装，骑马射箭样样能行。和孝公主伶牙俐齿，遇到乾隆帝有什么烦恼事，她三言两语就使乾隆帝转愁为喜。和珅更是依靠公主这层关系有恃无恐，横行无忌。由于此种缘由，最终导致朝中大臣多是和珅党羽；和珅家中积蓄，比皇帝家里还多。他的一些家奴也敢在京师横冲直撞。直到乾隆晚年，和珅一直受宠不衰。

乾隆六十年（1795），乾隆帝以刚即位时曾宣誓在位年数不能超过皇祖 61 年在位年数为由，于是决定将皇位内禅给皇太子颙琰。乾隆帝退位后称太上皇。嘉庆帝每遇有军国重事，都要亲到内廷请乾隆裁决。嘉庆四年(1799)，乾隆寿终正寝，享年 89 岁。葬裕陵。

末代皇帝溥仪

溥仪(1906 — 1967)，清朝入关后第十代皇帝。醇亲王载沣之子，母苏完瓜尔佳氏。1908 年即位，在位两年多，保留帝号 15 年。因其年号为宣统，故史称“宣统(帝)”。他是中国最后一个封建王朝的最后一个皇帝。他从皇帝变囚徒，再到普通公民，一生经历多变。

三立三废　几经波折

1908 年，光绪已经在瀛台生活了 10 年。本来就多病的他又加上心情忧郁，终于一病不起。消息传来，大病缠身的慈禧下令把光绪弟弟载沣的儿子，年仅 3 岁的溥仪接到宫中抚养，以便将来等光绪帝死后，自己仍能垂帘听政。没想到，光绪帝死后，慈禧也在次日归天。临终前，慈禧让隆裕皇后及载沣负责辅佐这个小皇帝。于是，同年十一月，在大臣的簇拥之下，溥仪登上了皇帝的宝座，年号宣统。

宣统帝的登基，并没有使朝廷内部的斗争平息。而摄政王载沣与袁世凯之间的矛盾更是越积越深。载沣自从掌握朝政大权后，就有心想借机报其兄光绪皇帝 10 年囚徒生涯之仇，杀掉袁世凯，况且袁世凯的权力已大大威胁到清朝皇室的权威。

1911 年辛亥革命爆发以后，手握重兵的袁世凯成为清廷和革命党人都争取的对象。袁世凯此时大玩两面派手法，软硬兼施，最终既使隆裕太后和摄政王载沣交出了政权，逼迫溥仪宣布退位，又使革命党人做出了让步，由自己出任中华民国临时大总统的职务。

清王朝灭亡了，但宣统皇帝的称号依然保留着。此后，不但民国历任总统如袁世凯、黎元洪、徐世昌等，无论在私函抑或公文中，都赫然称溥仪为“大清皇帝陛下”；紫禁城外的遗老遗少、各地一些大小军阀政客以至像胡适那样著名的“新潮人物”，更是毕恭毕敬地尊称溥仪为“皇上”。

1917 年，张勋复辟帝制，率数千辫子军进军北京，扶溥仪“重登大宝”，不过，仅仅 12 天，溥仪就在一片声讨和段祺瑞的讨伐中再次退位，复辟宣告破产。

1924 年 11 月，第二次直奉战争爆发，跟随吴佩孚进兵山海关的冯玉祥突然倒戈，发动“北京政变”，将大清小朝廷赶出了紫禁城。溥仪结束了他 15 年的“大清皇帝”生活，携后、妃迁往天津日租界居住。

1931 年 9 月 18 日，日本人发动了“九一八事变”，侵占了我国东北领土。为了加强对东北的控制，日本人决定将溥仪迎回他的东北老家，去做“满洲国”的皇帝。喜出望外的溥仪十分乐于接受邀请，但身边除日本人的走狗郑孝胥以外，都极力反对他“北幸”，宗室中有人甚至提醒他，不要忘记历史上的石敬瑭。南京的蒋介石也派人来说，只要他不去东北与日本人合作，可以恢复民国初期的优待条件。但溥仪仍然不顾，于 1931 年 11 月 10 日夜，悄然前往东北，出任由日本人建立的伪“满洲国”的执政。

在溥仪做了两年伪满洲国的“执政”后，一方面迫于溥仪的强烈要求，另一方面为了更好地利用溥仪这个傀儡，于是在日本人的同意下，溥仪于 1934 年 3 月 1 日第三次登基，就任“满洲国皇帝”，年号“康德”。

溥仪也知道自己的处境，但他只想拥有表面的权威，至于是否有实权，他现在也不是那么看重。但随后日本人炮制的“帝位继承法”和命令溥仪的弟弟溥杰与一个日本女人完婚的举动，令溥仪彻底放弃了恢复祖业的妄想，不再追求实际的或名誉的皇帝，只求保住性命就行。

1945 年 8 月 15 日，日本宣布投降。这天，苏联军队进入东北，抓获了准备乘飞机逃跑的溥仪，并作为重要战犯，关押在苏联。

自食其力　重获新生

1950 年 7 月，溥仪被移交给中华人民共和国政府。但他是非常不愿意回来的，他认为不论是蒋介石统治下的中华民国，还是共产党建立的中华人民共和国，他都不会有好结果的。可他又一次错了，回到国内后，政府并没有处死他，而是把他送到了抚顺战犯管理所。在这里，溥仪受到了与其他战犯同等的待遇，这使溥仪感到吃惊，他在这里没有皇帝的权威，刷牙、穿衣、洗脚、洗衣都必须自己完成；甚至还得和别人一样值日，打扫房间卫生，提倒马桶。溥仪终于明白，共产党是不会杀他的，而是要把他改造成一个中华人民共和国的公民，要让他进入新社会，做新人，过新生活。

1955 年，溥仪在管理人员的带领下参观了东北各地，请各方面人士述说日本帝国主义的种种暴行和伪满政权的倒行逆施。人们对当初这个唯命是从，犯下罪行的溥仪并没有加以指责，而是以热情帮助的态度对待这个昔日的皇帝，这使溥仪深受感动。

1957 年，溥仪又见到了七叔载涛。载涛告诉溥仪，爱新觉罗家族的老人和青年一样，都在新中国的建设中尽其所能，他本人更是当选了全国人民代表大会的代表和全国政协委员，并曾多次受到毛泽东等国家领导人的接见。同时载涛还带来了毛泽东的问候。七叔的到来，更给溥仪带来了希望，他经过自己的努力，已经可以自食其力了。

1959 年新中国成立 10 周年前夕，担任国家主席的刘少奇发布了特赦令，溥仪被特赦。回到北京的溥仪遍游了京城名胜古迹，会见了爱新觉罗家族在京的所有成员。在此期间，毛泽东为他举行了家宴，详细地询问了他的个人生活情况，并郑重地建议他重新建立一个幸福的家庭；周恩来亲自征求他的意见，对他今后的工作和生活做了周到细致的安排。这一切都使溥仪增添了重新生活的勇气。

1960 年 3 月，溥仪被分到中科院植物研究所北京植物园工作，一年后任全国政协文史资料研究委员会文史专员，负责清理清末和北洋政府时期的文史资料，并开始撰写自传《我的前半生》。1962 年 4 月 29 日，溥仪与北京关厢医院的护士李淑贤结婚。婚后夫妻感情很好，年过半百的溥仪的生活也十分幸福。

此后，溥仪更加努力工作，勤奋学习，从各方面严格要求自己，从身边工作人员，到国内各界名流以至国际上，都产生了良好的影响。《我的前半生》一书对李宗仁的影响很深，他觉得一个封建皇帝和伪满战犯在新中国都能生活得很好，何况自己作为一个民国总统，从而坚定了他回到大陆报效祖国的信心和决心。

1967 年 10 月 17 日，62 岁的溥仪因肾癌去世。骨灰存放在八宝山革命公墓。

经典国学口袋书

76－8 【画人归图】卷 局部 ［明］佚名 中国台北故宫博物院藏

76－8　【画入归图】卷 局部［明］佚名　中国台北故宫博物院藏